캐나다 캘거리 1년 살기

아이와 함께 떠난 워킹맘의 해외살이 도전기

채선미 지음

nobook

목 차

2. 아이와의 해외 1년 살기,
초등학교 2학년 지금이 딱 좋은 시기?

3. 캐나다 1년 살기 시작 전 반드시 챙겨야 할 것들

4. 1년 살기를 위한 단계별 준비 사항을 알아볼까요?

5. 아이들의 천국 캐나다 초등 교육

6. 영어만큼 중요한 다양한 체험

7. 캐나다 캘거리 1년 살기 총정리

prologue

아이와 나는
어떤 유대감과
성취감을
이루어냈을까?

캐나다 캘거리의 1년은 "보물 상자에 담은 선물 같은 시간"

평생을 한국이라는 너무나 익숙하고도 틀에 박힌 생활 터전을 떠나서 세상 어딘가 낯설고 두렵기는 하지만 매일 무슨 일이 일어날지 모르는 새로움 가득한 곳에서 잠시 살아보고 싶다는 생각 드시지 않나요?

우린 가끔 떠나는 짧은 여행 속에서도 많은 의미와 경험을 쌓게 되죠. 그런데 잠시 머물다 돌아오는 여행이 아닌 1년이라는 긴 시간을 평소에도 자주 함께 하

지 못했던 아이와 단둘이 오롯이 다른 문화와 생활환경 속에서 365일을 함께 지낸다면.. 우리는 어떤 유대감과 성취감을 이루어 낼 수 있을까요?

어쩌면 우리는 앞으로 긴 세월을 함께 살아가면서 자주자주 보물 상자에 넣어두었던 그때의 추억들을 소환하며 두고두고 소소한 이야기꽃을 나누는 선물 같은 시간이 만들어지지 않을까요?

이런저런 기대를 하고 캐나다 캘거리 1년 살기 계획이 시작되었습니다. 쉼 없이 달려왔던 저의 18년의 치열했던 직장 생활과 육아.. 그리고 마침내 주어진 딱 1년의 휴식. 이 1년은 제 다음 생을 이어가기 위한 징검다리와 같은 꼭 필요했던 의미 있는 시간으로 만들어보고 싶었습니다.

직장인 엄마들이라면 한 번쯤 이런 시간이 필요하다는 생각이 드셨을 겁니다. 늘 접하는 평범하고 익숙한 공간에서는 그동안 보내온 시간이나 습관들을 훌훌 털어버리기 힘들다는걸. 가능한 한 멀리, 평소에 동경했던 바로 그곳, 이것이 현실이 되어보는 경험이 얼마나 우리에게는 필요했고 기다렸던 시간인지..

여행은 떠난 후의 즐거움보다 떠나기 위해 준비하는 시간이 더 설레고 행복하다고 하죠. 주어진 1년의 휴가를 어디로 갈까? 아이와 지구본을 돌려보며 나라

하나하나 찍기 놀이를 하며 이 나라는 어떨지 저 나라는 어떨지 서로 이야기를 나누고 그곳에서 아이와 뛰어놀고 공부하고 피크닉을 떠나는 상상을 숱하게 하며 즐거운 시간을 보냈던 것 같아요.

누구나 한 명쯤 있다는 해외에 친척도 없고 기대 보거나 믿을 만한 친한 지인 하나 없어서 너무 막막한 시작이었습니다. 처음부터 끝까지 직접 정보를 찾고 절차를 하나하나 밟아나가면서 참 막막하고 어려움도 많았습니다. 저처럼 해외살이 특히 캐나다 캘거리로 여행이나 유학을 준비하시는 분들에게는 작게나마 저의 정보와 경험들이 도움이 되셨으면 합니다.

마지막으로 캐나다 캘거리 1년의 힘든 장정을 함께해 준 아들 현준이에게 남기는 한마디로 이 책을 시작합니다.

“

우리가 처음 캘거리의 썰렁하고 텅 빈 집에 도착했을 때 너무 무서웠고 당장 무엇부터 해야 할지 몰라 막막했던 순간이 기억난다. 설렘 가득 안고 간 첫 등교에서 친구들이 잘 놀아주지 않아 마음고생도 했고, 선생님이 무슨 말씀을 하시는지 이해하지 못해 공부하는 것도 쉽지 않았을 텐데도 씩씩하게 학교에 가준 현준이에게 엄마는 얼마나 고마웠는지 몰라. 마침내 시간이 조금씩 지나면서 친구도 생기고 학교생활도 잘 적응하는 너의 모습에 엄마는 큰 감동을 받았어. 우린 정말 그때 매일매일 새롭고 긴장되는 나날을 함께 고군분투하면 보냈던 것 같아.

엄마는 매일 직장생활에 지쳐 네가 필요할 때 제때 함께해 주지 못한 시간들도 많았고 채워주지 못한 마음을 그곳에서 많이 채워주려고 노력했어. 주말에 한 번도 쉬지 않고 캐나다의 아름다운 대자연

속으로 함께 여행하고 웃고 떠들며 자유로움을 만끽했던 시간들을 너의 작은 가슴속에 잘 간직해 주길..

마냥 어린아이 같았던 현준이가 어려움이 생겨도 극복하려고 애쓰면서 조금씩 성장하는 모습을 매일매일 지켜보면서 뭉클한 순간들이 정말 많았다. 지나고 생각해 보니 그 모든 힘든 순간이 우리가 함께 성장할 수 있는 큰 기회가 아니었을까? 우리가 함께 견디는 과정이 우리 삶을 성장시키고 발전시킨다는 걸 몸소 느끼고 경험했으니, 앞으로 어떤 두려운 순간이 와도 잘 헤쳐나가 보자. ”

사랑해 우리 아들!!

2024. 5. 27

엄마 채선미

캐나다 1년 살기에

최적인

“캘거리”

1. 우리는 왜 캐나다 캘거리를 선택하게 되었을까?

초1 아이를 키우는 워킹맘의 하루가 반복되고 있습니다. 매일 쳇바퀴 돌듯 뭐 하나 특별한 걸 남기지도 못하고 이대로 인생이 끝날 것 같은 막연한 불안함. 업무에 지치고 귀가하고도 남은 집안일과 육아 스트레스, 문득 인생의 목표가 흐려지고 일과 삶의 균형도 깨진 것 같다는 생각이 들 때도 많습니다.

만약 내게 딱 1년의 육아 휴직이 주어진다면 나는 그 시간 동안 나, 그리고 우리 가족들과 어떤 계기를 만들어 보고 싶은지 조용히 생각해 보았습니다. 내 인생을 바꿀 1년은 나에게 어떤 의미였으면 좋을지..

어느덧 나는 1년 살기에는 어디가 좋을지
머릿속으로 계속 그림을 그리기 시작하고,
그곳에서 함께 만들어 나갈
감동적인 순간들은
또 어떻게 기록하면 좋을지
생각하기 시작했습니다.

우선 나의 1년 살기를 하기 좋은 지역에 대한 나만의 기준

- ❖ 지역색이나 악센트가 강하지 않은 영어를 사용할 것
- ❖ 학부모가 가디언 목적의 비자 받기가 용이할 것
- ❖ 아이 반에 한국 아이가 없을 것
- ❖ 주말 휴일에 체험할 것이 많아야 할 것
- ❖ 안전하고 아이들에게 친절해야 할 것
- ❖ 대도시는 피하지만 중 소 도시 규모는 돼야 할 것
- ❖ 한국 사람이 적당히 있어야 할 것
- ❖ 한국 식재료 및 한국 식당이 있어야 할 것
- ❖ 너무 소도시는 피할 것
- ❖ 주거지역과 도심지역이 확실히 분리되어 있을 것
- ❖ 자연을 누릴 수 있을 것
- ❖ 아이 운동시설이 많아야 할 것
- ❖ 주변에 여행할 곳이 많아야 할 것

저는 17년 전 캐나다에서 잠시 어학연수를 했던 적이 있습니다. 20대에 접한 문화적인 충격과 마냥 즐거웠던 기억들이 새록새록 다시 떠오르며 다시 한번 캐나다에 가보고 싶다는 생각이 캘거리로 이어지지 않았나 싶습니다.

이렇듯 청년 시절에 해외 생활을 하면서 언젠가는 꼭 내 아이와 함께 이곳으로 다시 오고 싶다는 생각을 많이 하게 되는 것 같습니다. 내가 보고 느낀 것을 아이에게도 느끼게 해주고 싶다는 그런 생각이 훗날 부모가 되어 다시 그곳을 찾게 되지 않나 하는 생각이 듭니다.

20년 전 어학연수

20년 후 아이와 함께

우선은 국제 학교가 많고 비교적 저렴한 교육비가 강점인 동남아도 괜찮긴 했지만 일단은 일상생활에서도 영어를 쓸 수 있는 지역으로 제한해 보았습니다. 먼저 호주는 저에게는 좀 낯선 나라였고, 주변국으로 여행하기가 좀 불편하여 제외하고, 저는 공부하거나 일할 마음이 없고 아이를 돌보기 위해 가는 것이었는데, 미국은 동반인 비자 발급이 어려워서 제외했습니다. 이런저런 이유로 결국은 캐나다로 생각이 굳혀지더군요. 이렇게 내 나이 마흔이 되어 드디어 아이와 내 젊은 시절의 추억들이 고스란히 남아있는 캐나다로 가게 된 것입니다.

캐나다 1년 살기 하면 가장 먼저 떠오르는 후보지로는 밴쿠버나 토론토일 겁니다. 여행하기도 좋고 학군도 좋죠. 우선 한국인에게 가장 친숙한 대도시들은 하우스 렌트 비용과 생활비가 감당할 수 없을 만큼 너무 비싸고, 한국 아이들 비율이 지역마다 차이는 있겠지만, 너무 많아서 제외했습니다. 또 수많은 유학원에서 추천하는 상업화된 사립 유학코스는 제외했습니다다. 어떤 밴쿠버 지역은 한국 학생이 절반 이상이나 되는 학교도 많았습니다.

엄마가 어학원만 다녀도 아이 학비가 무상이라는 도시들은 너무 소도시이고 아이와 즐길 수 있는 시설이 부족해서 제외했습니다. 또 저는 아이가 한 명이기 때문에 무상교육이 그렇게 큰 이익이 없었습니다. 세상에 공짜는 없으니 다 그 값어치를 한다고 생각하면 됩니다. 또 캘거리에서도 엄마가 공부를 하면서 아이를 돌보는 경우도 있었는데 결코 쉬운 일이 아니었습니다.

캐나다는 도시마다 다른 나라처럼 느껴질 정도로 좀 많이 다르게 느껴집니다. 각 주와 도시마다 특징과 장단점이 확실하게 있으니, 잘 비교해 보시고 선택해야 합니다.

Human
food
kills

아름다운 자연

캘거리는 캐나다 서부에 위치하고 있고 2024년 현재, 인구 71만여 명의 도시로 북미에서 가장 살기 좋은 도시로 뽑히기도 했습니다. 정말 평생을 살고 싶을 정도로 깨끗하고 완벽한 도시라고 할 수 있습니다. 두 개의 대도시 에드먼턴(Edmonton)과 캘거리를 품고 있는 앨버타주(Alberta)는 오일과 가스의 도시로 비교적 부자 도시라고 불립니다. 연방 세금 5%를 제외한 주정부 세금이 따로 없습니다. 주에 따라 7~10%가 더 붙는 곳도 있습니다.

그리고 캘거리 선택 시 가장 큰 이유 중의 하나가 바로 세계적으로 사랑받고 있는 아름다운 자연 밴프(Banff) 지역과 루이스호수(Lake Louis), 재스퍼(Jasper), 그리고 카나나스키스(Kananaskis)를 품은 로키산맥이 바로 1시간이면 닿는 곳에 있어서 캘거리에서 지냈던 1년은 정말 이 아름다운 경치와 자연을 마음껏 누리며 지냈던 한 해가 아니었나 싶습니다. 여름에는 수십 개의 호수와 하이킹 코스, 겨울에는 스키와 스케이트 천국이 바로 이 캘거리입니다.

생활의 편리함

캘거리는 대자연만으로도 감동적인데, 도시들을 연결하는 트레인과 다양한 대중교통이 있습니다. 다운타운에서는 도시가 느껴지고, 시눅몰, 마켓몰, 아울렛과 같은 크로스 아이런밀, 코어몰 등 코엑스처럼 많은 상점과 백화점이 모여 있는 세련된 복합 대형 몰들이 많아 생활하는 데 불편함이 없습니다.

시눅몰과 코어몰에는 한국 사람들이 좋아하는 캐나다 브랜드인 캐나다구스와 무스너클이 있고 시눅몰, 코어몰, 마켓몰에는 아크테릭스가 있습니다. 이 브랜드들은 한국에 비해 훨씬 저렴합니다. 마켓몰안에 있는 스포팅라이프에서는 시즌이 지난 무스너클과 아크테릭스 세일을 종종 하고, 블랙프라이데이나 크리스마스 후 박싱데이 때 대부분의 브랜드가 큰 폭으로 세일을 하니까 그때 맞추어 그동안 사고 싶었던 것들을 쇼핑하면 좋습니다.

크로스아이런밀은 대형 아울렛과 같아서 대부분의 브랜드가 세일을 하지만 프리미엄 아울렛은 아니어서 고가의 브랜드는 없습니다. 룰루레몬은 캐나다 브랜드로 평소에 입기 좋은 옷을 구하는데 좋아서 저도 자주 애용했습니다. 한국에 돌아올 때 지인들의 선물을 살 때도 이 룰루레몬에서 대부분 구입했을 정도입니다. 룰루레몬 앱(https://shop.lululemon.com/en-ca/)에서 매주 목요일에는「we made too much」섹션에서 세일 물건들이 많이 올라오는데 배송비가 무료입니다.

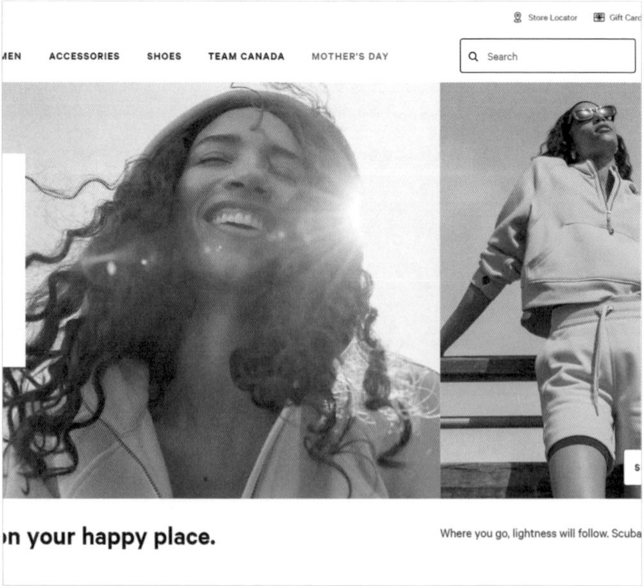

아이 옷을 살 때는 캐나다 브랜드인 루츠를 많이 이용했고, 스포첵에서는 운동용품이나 신발을 구매했습니다. 캐나다 제품들이 디자인이나 스타일이 별로 좋지 않다는 말들이 많아서 기대하지 않았는데 생각보다 예쁘고 질 좋은 브랜드가 많아서 한국에서부터 미리 사 오지 않고 현지에서 충분히 구입해 쓸 수 있다는 점도 기억해 두면 좋을 것 같습니다.

한식이 그리울 때는 한인 대형마트가 곳곳에 있고, 한국 식당들도 많아서 향수를 달래기에도 좋고, 동물원, 과학관, 박물관, 공연시설 등이 많아서 방과후나 주말 나들이 하기에도 좋은 곳이 많습니다.

또한 캐나다 주요 도시와 LA, 라스베가스, 멕시코 칸쿤, 하와이 등으로 갈 수는 저렴한 직항 노선이 많아서 짧은 방학이나 휴가를 보내기에도 좋습니다. 1년 살기를 하는 동안 주말이나 방학, 휴일을 이용하여 주변국으로 여행도 많이 해보자는 처음 세웠던 계획들을 실천하기에 캘거리만 한 곳도 없었다는 생각이 듭니다.

마음 따뜻한 사람들

은행이나 병원, 학교 등에서 일을 처리할 때, 한국인 담당자나 통역 서비스를 받을 수 있어서 영어가 자유롭지 못한 분들도 충분히 어려움 없이 살 수 있습니다.

무엇보다 캘거리 사람들은 정말 친절하고 착한 사람들이 많았습니다. 특히나 어린이들에게는 무한한 사랑을 주는 도시입니다. 저는 이점이 참 좋았습니다. 사랑과 칭찬을 듬뿍 받은 1년이 지나고 나니 아이도 훨씬 자신감도 생겼고, 무엇이든 도전해 보려는 마음도 많이 생긴 것 같습니다.

아이에게 비난은 없고 칭찬과 격려만 있던 캘거리는 최고의 선택이었습니다.

또 아이와 14개월을 지내면서 단 한 번도 위험한 상황에 놓이거나 누군가 위협을 한다거나 한 적도 없이 매우 안전하고 편안했습니다.

캘거리 현지인들도, 이민 오신 한국인들도 모두 너무 따뜻하고 정겨운 사람들이었습니다.

날씨가 온화하고 눈이 많은 곳

캘거리의 계절은 겨울이 한국보다 1~2달 정도 길지만 건조해서 체감 온도는 그리 낮지 않아 따뜻하게 느껴집니다. 1주일 정도 정말 추운 날이 있는데, 그 외에는 5월 초까지 아침저녁만 쌀쌀한 편이고 눈이 많이 내리는 지역입니다.

겨울에 눈이 많이 오면 스키팬츠를 입고 등교하는 모습도 많이 볼 수 있습니다. 하지만 일조량이 많은 도시여서 낮에는 사계절 내내 뜨거운 햇볕이 내리쬐는 지역이기도 합니다. 그래서 겨울에도 야외 활동을 많이 할 수 있고, 여름은 한국처럼 습하지 않아 선선해서 정말 좋습니다. 저는 캘거리의 여름이 너무 좋았지만 아이는 눈이 많이 내리는 겨울이 더 좋았다고 합니다.

한국 학생이 적은 곳

제가 가장 중요하게 본 것은 바로 학교 내 한국 학생의 비율이었습니다. 대체로 캘거리의 초등학교에는 지역마다 차이가 있지만, 한국 학생 비율이 한 반에 1~2명 정도로 매우 낮고, 없는 반도 많습니다. 그리고 어릴 때 이민 오거나 태어난 한국 아이들이어서 유학생 비율이 현저히 낮았습니다. 같은 반에 국제 학생은 우리 아이 한 명뿐이었고 다른 한국 아이는 캐나다에서 태어나거나 이민 온 아이였습니다.

꼭 알고가야 할 캐나다 1년 살기의 단점들

높은 임대료

캐나다에서 집을 구하려면 2베드 기준으로 200만 원 가까운 임대료가 듭니다. 3베드라면 300만 원 수준으로 예상하면 됩니다. 여기에 관리비, 통신비가 추가되고, 장보기나 외식비, 주유비와 여행경비, 아이의 스포츠 활동비 등 고정비와 변동비까지 포함하면 월 400~500만 원 이상이나 듭니다.

혹시 아이가 아파서 병원을 가야 되거나 생일파티 같은 행사라도 있게 되면 좀 더 높은 지출을 감당해야 합니다. 병원 진료비는 워크인 클리닉에서 진단을 받고 실질적으로 병원 진료까지 연결되는데 큰 비용이 들기도 하지만 시간도 오래 걸립니다. 충치 치료 정도만으로도 수십만 원이나 드니까 한국에서 가능한 한 미리 다 하고 가는 것이 좋습니다.

너무 늦는 행정 처리

캐나다는 모든 처리는 메일로 많이 진행되는데 메일을 놓치거나 하면 불이익이 될 수 있으니, 메일을 잘 점검해야 합니다. 그리고 행정 처리를 하러 어딘가에 가면 몇 시간 정도는 기다릴 생각을 하고 여유롭게 가야 합니다. 와이파이가 잘 안되는 곳도 많으니, 책이나 기다릴 때 지루하지 않도록 평소에 준비를 잘 해가는 것이 좋을 것 같습니다. 간혹 행정 처리나 전달 사항을 전화의 음성녹음으로 남기는 경우도 많으니 자주 확인해 보는 것이 좋습니다.

높은 주차 비용

캐나다는 주차비용이 많이 드니 주차 공간이 아닌 곳에 아무 데나 주차를 할 경우, 차가 견인되는 경우가 있습니다. 그럼, 수십만 원의 벌금을 내고 차를 찾아야 하는 경우가 있으니 주의하기를 바랍니다.

도시락 문화

캐나다에서는 매번 도시락을 준비하는 일이 쉽지 않습니다. 매일 새벽에 일어나 도시락을 싸는 것도 정말 일입니다.

평소에 요리를 잘하는 분들은 괜찮은데 저처럼 요리를 많이 해보지 않은 경우에는 요리 연습을 많이 해오면 좋을 것 같아요. 특히 김밥같이 간편식이 캐나다에서도 정말 도움이 많이 됩니다. 직접 하지 않고 사서 먹을 수도 있지만 가격이 비싸고 냉장 김밥이라 맛이 별로 없답니다. 저는 김밥이 익숙하지 않아서 삼각김밥이나 주먹밥으로 많이 대체했는데 좀 아쉬웠어요. 한국에서 기본양념이나 꼭 필요한 주방용품도 좀 준비해 오면 편리할 것 같습니다.

2. 아이와의 해외 1년 살기, 초등학교 2학년 지금이 딱 좋은 시기?

해외 생활 1년 후 아이 삶의 만족도가 가장 크다

아이와 해외 1년 살기, 언제가 좋을까? 정말 많은 시간을 두고 생각했습니다. 그냥 훌쩍 아이와 옷가지 몇 점 가볍게 가방에 챙겨 넣고 마음 편하게 떠나는 여행이 아니라서 다양한 관점에서 생각해 보게 되었습니다. 아이에게 가장 적합한 시기는 언제일까?

아이에게는 해외 1년 살기 이후에 연결되는 학교생활이나 진도 문제, 친구들이나 환경에 적응하는 문제 등을 고려하여 저희는 한글 읽고 쓰기가 어느 정도 완성되고 학교생활에도 잘 적응해서 새로운 단체 생활에 금방 적응이 가능한 시기인 초등학교 1학년을 마치고 가는 것이 가장 좋을 것 같다는 생각이 들었습니다.

그리고 이 시기는 유학 경험이 많은 주변의 지인들도 가장 많이 추천해 주던 시기이기도 해서 안심하고 갈 수 있는 시기가 아닐까 하는 생각이 들었습니다. 무엇보다 해외 생활 1년 후의 아이 삶의 만족도도 가장 클 것 같은 기대 심리도 한몫했습니다.

제가 살고 있는 분당은 학군지이기도 하고 주재원을 다녀왔거나 조기 유학을 보냈거나 이미 해외살이를 1~2년 다녀온 가정들이 많은 지역이라 주변에 조언을 듣거나 정보를 구하기는 어렵지 않았습니다. 그리고 여러 가지 세세한 부분까지 사전에 준비하는 데 주변에서 많은 도움을 주었습니다. 지금 생각해도 고마운 분들의 얼굴이 많이 떠오르네요.

제가 아이와 해외에서 1년 살기를 해보기로 마음먹었던 시기는 아이가 한국 나이로 7살이었습니다. 이 무렵에는 저는 선배 엄마들의 말 한마디 한마디가 너무나도 내 마음에 생생하게 와닿았습니다. 그 엄마들이 가장 많이 추천해 주었던 시기가 바로 아이가 초등

학교 1학년을 마친 후였습니다.

이 시기는 해외살이 이후에 한국에 다시 돌아와서도 여전히 저학년이기 때문에 상대적으로 학업에 대한 부담이 덜 하기도 한 시기라 생각했습니다. 한국에 돌아왔을 때 다시 학교로 돌아가도 한국에서 1학년을 1년 보낸 경험이 있어서 적응하기 수월할 거라고 생각했습니다. 제 개인적인 경우에는 법적으로 육아휴직을 쓸 수 있는 마지막 기회이기도 했습니다.

우리나라는 초중고 모두 신학기가 3월부터 시작하는데 캐나다는 9월에 학기가 시작됩니다. 다음 해 7월, 8월에 돌아오는 경우가 많기는 하지만 우리는 한국에 다시 돌아왔을 때를 생각해서 1학년이 끝난 다음해 1월에 캐나다로 출발하기로 마음먹었습니다.

다시 한국으로 돌아온 후 아이는 어떻게 달라졌을까?

드디어 캐나다 1년 살기를 끝내고 올해 한국 학교 3학년으로 돌아온 아이에게는 어떤 변화가 생겼을까요? 부모들이 가장 궁금한 점이 바로 이 점이 아닐까 싶습니다. 저도 이 부분을 많이 걱정하고 신경 썼던 것 같습니다. 아이는 다시 이전에 다니던 학교로 돌아와 1학년 때 함께 했던 친구들을 만나서 안정감이 생기는 듯했고, 학교생활에 빠르게 적응해 나갔습니다. 잊지 않고 다시 반갑게 맞아주는 친구들이 정말 고마웠고, 그야말로 편안한 정착을 하지 않았나 싶습니다.

캐나다 학기랑 겹친 2학년 과정이 빠졌는데도 1~2달 지나니 진도는 부족함 없이 다시 채울 수 있었습니다. 캐나다 생활 동안 쌓은 낯선 경험과 어려움을 극복하면서 생긴 자신감 때문인지 예전보다 성격도 밝아지고 적극적인 모습으로 바뀌면서 학급 임원에도 당선되고, 앞으로 어떻게 더 성장하고 늠름해질지 아이의 학교생활이 더 기대가 됩니다.

참고로 캐나다의 학력 인정은 다시 한국으로 돌아왔을 때 해당 교육청마다 인정 범위가 다릅니다. 대부분, 부모가 학교에 다니거나, 워킹비자나 주재원처럼 정식으로 일을 하는 경우에만 캐나다 학력이 한국에서 인정됩니다. 저처럼 아이의 유학만을 목적으로 가는 경우에는 미인정 유학이라고 해서 한국에서 학력 인정이 되지 않습니다. 하지만 제 나이로 다시 학교에 갈 수 있어서 전혀 문제 될 것은 없습니다.

교육청마다 차이가 있는데 제가 사는 분당, 경기도 성남시는 국어와 수학의 기초 정도의 시험만 보면 원래 나이에 맞는 학년으로 갈 수 있습니다. 그 시험은 떨어뜨리기 위한 시험이 아니라 형식적인 시험이었습니다. 15분 정도 국어와 수학을 본 아들 말로는 너무 쉬웠다고 합니다. 아마도 매우 기초 수준의 문제를 푼 것 같습니다.

7세 이전에 가는 것을 권장하지 않는 이유

캐나다 생활을 하면서 주변을 돌아 보니 자녀가 7세 이전에 이민을 온 경우, 아이의 한글 학습이 늦어져서 고민이 많은 듯 보였습니다. 현지에 와서 아이가 영어 기초를 다지는 것도 쉬운 일이 아닌데 한글 공부를 또 따로 시간을 내어 시키려다 보니 둘 다 놓치는 경우가 많습니다. 유학 생활을 직접 경험하다 보니 한글과 영어 교육을 병행하는 일이 쉽지 않은 일이라는 걸 알게 됩니다.

다시 한국으로 돌아가 한국 교육시스템을 밟을 계획이라면 해외로 나오기 전에 좀 더 확실히 한글을 공부시키고 오는 것이 좋을 것 같습니다. 1년이라는 기간은 생각보다 굉장히 짧기 때문에 학습계획을 가능한 한 촘촘하게 세우고 오는 것이 해외 생활을 좀 더 편안하고 알차게 보낼 수 있습니다.

저는 연산 문제집을 10권 정도 사서 유학 중 한 달에 한 권씩 풀렸습니다. 주변 사례들을 보면, 구몬 연산집 1년 치를 준비해 오거나 온라인 학습지를 준비해 오는 경우도 많았습니다. 저는 연산문제집을 매일 10분 내외 풀리고 이외에는 따로 한글 공부는 시키지 않았습니다.

하지만 1년 살기처럼 단기 유학에서 추천하지 않는 나이는, 초등 입학 전 한국 나이로 유치원 마지막 7세 즉, 1학년 전 단계 1년을 여기서는 킨더라고 부릅니다. 킨더부터 초등학교에서 교육이 시작되는데 교육 시간이 3-4시간으로 좀 짧은 단점이 있습니다. 초등 이전에 오게 되면 캐나다 교육을 받을 수 없는 나이이기 때문에 이때 오게 되면 학교 교육시간이 매우 짧아서 영어나 경험에 한계가 부딪치게 됩니다. 또한 1년처럼 단기로 해외 살기를 하기에 취학 전 아이는 영어도 금방 잊게 되고, 다양한 경험도 기억하는 데 한계가 있어서 가능하시면 취학 후에 유학을 진행시키는 것을 추천합니다.

물론 아이에 따라 차이는 있지만 인간관계와 사회성이 최대로 확장되는 7세에 오게 되면 처음에는 언어장벽 때문에 여기서 친구를 사귀는 것도 무척 어렵고, 엄마의 도움이 더 많이 필요해서 어려움이 많습니다. 또 아이가 기억하지 못하는 나이이기도 합니다. 이왕이면 많은 경험을 제대로 할 수 있고 엄마의 손이 덜 가는 9세 이후가 좋을 겁니다.

하지만 아이와의 해외 생활 1년의 경험은 그 어느 때 어떤 나이에도 상관없이 무조건 좋습니다. 여기 와 보니 꼭 영어뿐만 아니라 다양한 경험과 누구도 갖지 못할 소중한 시간들이 너무 환상적이기 때문에 마음과 의지만 있다면 언제든 너무 좋은 곳이 캐나다가 아닐까 하는 생각이 듭니다. 평생 살면서 언제 또 이런 경험을 해볼 수 있을까 라는 생각을 끊임없이 하면서 보낸 행복한 1년이 아니었나 싶습니다.

캘거리 내에서 1년 이상 유학을 와 있는 학생들의 나이는 다양했습니다. 초등학생들이 가장 많았지만, 중고등학생들도 있었고 대부분 한국에서보다 훨씬 즐거운 학교생활을 하고 있었습니다. 영어의 어려움은 모두 달랐지만, 캐나다가 주는 편안함과 느슨한 분위기가 아이들을 좀 더 편안하게 해주고 있다는 생각을 했습니다.

같은 학교에 5, 6학년 고학년 시기에 온 한국 친구들도 너무 즐겁게 생활했고 영어 실력도 많이 늘었습니다. 영어도 큰 부분을 차지하지만, 다양한 스포츠와 경험을 쌓을 수 있는 기회이기 때문에 너무 어릴 때 말고 초등학교 이후라면 좋은 성과를 낼 수 있을 겁니다.

McMAHON STADIUM

3. 캐나다 1년 살기 시작전 반드시 챙겨야 할 것들

아이에게 준비시켜야 할 것

영어 또 영어

ABC도 모르는 아이가 캐나다에 와서 몇 달 만에 입에서 영어가 술술 나온다는 말들을 하지만 사실 이건 불가능한 일이자 절대 일어나지도 않을 일입니다. 이건 유치원 이하의 어린아이들에게나 가능할지 모르겠습니다. 영어가 전혀 안 된 아이가 캐나다에 왔다고 어느 날 갑자기 영어 말문이 트이는 그런 일은 절대 없습니다. 그만큼 노력하고 공부해 와야 성과가 있습니다.

실제도 이민 온 사람들이나 유학 온 한국 아이들을 보면 실력이 천차만별입니다. 한국에서 얼마나 열심히 공부해 왔는지가 정말 중요합니다. 아무리 좋은 경험만으로 충분하다고 해도, 캐나다까지 왔으니 영어 실력 향상에 욕심이 나게 됩니다. 또 많은 분이 캐나다 유학을 하는 가장 큰 이유 중 하나가 아이의 영어 실력 향상입니다.

말하기는 분명히 향상됩니다. 하지만 그 학년에 맞는 읽기와 쓰기는 반드시 준비해 와야 원활한 적응과 학교생활에 도움이 됩니다. 캐나다 어린이들도 책도 많이 읽고 공부도 많이 합니다. 놀기만 하는 곳은 아니라서 그 나이에 맞는 수준의 공부를 꼭 준비해 와야 합니다.

학교 수업을 따라가지 못하면 전체적인 생활이나 친구 사귀기에도 어려움이 있어서 가능한 한 충분히 영어 공부를 해오는 것이 좋습니다. 아이의 영어는 학교 수업보다는 친구들과 어울려 놀면서 폭발적으로 늘기 때문에 기초 수준의 대화는 할 수 있을 정도는 준비해야 할 것입니다.

아이가 1학년이면 캐나다 1학년 수준의 읽기와 쓰기, 3학년이면 영어학원에서 말하는 AR3점대의 최소한 읽기와 쓰기는 되어야 수업에 참여할 수 있습니다. 그래야 말하기도 늘고 빠르게 수업에 적응할 수 있습니다.

처음에 학교와 학년 배정을 위해 교육청에서 교사 출신 교육청 직원과 인터뷰를 해야 합니다. 아이와 단독 인터뷰를 하는데 영어가 원활하지 않거나 인터뷰하는 선생님 판단에 따라 아이의 실력이 캘거리 교육과정을 따라갈 수 없다고 판단되면, 한 학년 정도 학년을 낮추어서 배정을 받는 경우가 많습니다. 한국에서 왔다고 무조건 낮은 배정을 받는 것이 아니라, 전 세계 어디 출신이던 국제 학생들은 모두 인터뷰를 통해 학년을 배정받아야 하는 것입니다.

한국에서 1학년을 마치고 간 우리 아이는 2학년 2학기로 배정받아야 되는 상황이었는데, 한국에서 파닉스를 떼고 1년 정도 한국식 영어학원을 다녀서, 말이 유창하지는 않았지만 알아듣는 편이었고 1점대 책들은 읽을 수 있는 수준이었는데 다운그레이드되지 않고 재학년 배정을 받았습니다. 학교 수업을 제대로 따라갈 수 있을지 없을지 판단하는 인터뷰이기 때문에 나이에 맞는 학년 배정을 위해서는 고학년으로 갈수록 더욱 영어가 준비되어 있어야 합니다.

스케이트와 스키

캘거리는 겨울스포츠의 천국입니다. 하키와 스케이트의 나라이므로, 저희는 2년 전부터 캐나다로 방향을 정하고 한국에서 아이스하키를 1년 정도 했습니다. 캘거리는 동네와 학교 그리고 대부분의 커뮤니티와 공원마다 하키장과 스케이트장이 있습니다. 캘거리를 제대로 즐기려면 스케이트는 꼭 배워 오면 좋습니다. 캘거리에 와서 배우는 것은 진도도 더디고 즐길 시간이 부족하기 때문입니다.

스키 강습도 마찬가지입니다. 그래야 캐나다에 와서 가성비가 훨씬 좋고 와서 즐기기도 좋습니다. 인건비가 비싼 나라이기 때문에 강습료가 한국보다 비쌉니다. 캘거리는 시내에도 스키장이 있고 차로 1시간만 가도 대자연의 스키장이 즐비하기 때문에 캐나다를 제대로 즐기시려면 꼭 스키를 배워 오면 좋습니다. 로키에서 끝없는 펼쳐진 눈과 광활한 산을 바라보며 신나게 스키를 탄 경험은 지금도 잊을 수 없습니다.

EVERETT
CCM

16

수영

캘거리에서도 수영은 YMCA나 레크리에이션 센터에서 강습을 하긴 하지만, 자유형 정도까지는 해서 오는 것이 좋습니다. 여기는 워낙 진도도 더디고 한국처럼 샤워나 탈의도 다 엄마가 도와줘야 해서 번거롭다고 느낄 수 있습니다. 저희도 수영 수업을 갔다가, 저렇게 해서 언제 배우나 라는 생각이 들 정도였고, 진도를 나간다는 생각보다는 수영을 놀이로써 선생님과 즐겁게 시간을 보내는 정도여서 놀랐던 기억이 있습니다.

캐나다는 영법 기술을 배우기보다는 물에서 잘 떠있고 다이빙과 같이 생존을 중시하고 물속에서 최대한 즐기는 것에 초점을 두고 수업을 하는 것 같았습니다. 캐나다에는 호수가 많고 자주 가게 되는 YMCA 시설을 충분히 즐기려면 수영을 꼭 해야 한다는 걸 기억해 두면 좋을 것 같습니다.

치과 검진과 시력 검사

아이의 학비에 보험이 포함된다고 해도 치과 검진과 시력검사는 사전에 하고 오는 것이 좋습니다. 캐나다에서는 안경 구입 비용이 한국보다 비싸고 마음에 드는 것을 찾기가 어렵습니다. 안경을 착용하는 어린이는 꼭 여분의 안경을 두 개 이상 가져오시는 것도 도움이 될 것입니다.

아이의 시력검사 비용은 보험 적용이 안 되고, \$150 정도 합니다. 우리 아이는 충치가 생겨 유치 발치를 했는데 검사비, 발치비 해서 총 \$500 정도를 지불했습니다. 진료비가 한국보다 너무 비싸서 사전 대비가 정말 중요합니다.

엄마가 준비해야 할 것

운전

캘거리에서의 운전은 정말 필수입니다. 운전이 미숙하다면 충분히 연습을 한 후에 오는 것이 좋습니다. 아이의 등하교와 방과 후 활동, 그리고 주말에나 휴일, 방학 때 아이와 다양한 여행과 경험을 하기 위해서는 운전이 필수입니다.

그리고 마트나 도서관 등 차가 없으면 아예 생활이 불가능하다고 생각하면 됩니다. 캘거리는 한국보다는 운전하기가 훨씬 복잡하지 않기 때문에 편안하고 안전하다고 느낄 겁니다.

영어

영어는 단시간에 되지는 않겠지만 미리 준비해 오면 일상생활을 수월하게 하는데 큰 도움이 됩니다. 학교 상담과 같은 경우에는 통역 서비스를 이용하면 됩니다. 요즘 캐나다는 선 학년에 걸쳐 한국 학생들이 많아져서 어렵지 않게 통역 서비스를 이용할 수 있습니다.

다만 일상생활에서 혹은 아이 친구 엄마들을 만날 때나, 뜻하지 못한 상황이 발생했을 때 어려움이 있을 수 있습니다. 학교의 소식이나 방과 후 수업의 취소 등 캐나다에서의 각종 소통은 이메일을 많이 사용하므로 수시로 확인하는 것이 좋습니다.

골프

캐나다는 한국에 비해 골프 라운딩을 나가는 것이 매우 저렴합니다. 저는 캘거리에 와서 강습을 받은 경우인데 시간 여유가 되면 한국에서 미리 강습을 받고 오는 것이 좋을 것 같습니다. 강습비가 한국보다 비싼 편이었습니다. 주말에 아이와 나가서 골프를 치게 되면 퍼블릭 골프장은 9홀이 $20 정도라 매우 저렴한 가격에 자주 즐겼습니다.

건강검진

캐나다는 의료비가 매우 비싸기 때문에 치과나 안과 산부인과 검진 등을 미리 받고 오는 것이 좋습니다.

보험이 있다고 해도 적용 범위나 지불 비용이 매우 다르기 때문에 응급상황이 아니면 캐나다에서는 건강 관리를 하기가 어렵습니다. 평소에 먹던 약이 있으면 충분히 처방받아 오는 것이 좋습니다. 아이는 학비에 보험료가 포함되는데, 부모들은 사보험을 들고 와야 합니다. 보험이 있어도 일부 지원이고 대체로 본인이 내야 하는 부담금이 매우 큽니다. 약은 드럭(Drug store)에서 충분히 구할 수 있습니다.

한국 휴대폰 가지고 오기

각종 은행 업무와 인증 업무 문자 수신이 필요합니다. 한국 업무도 봐야 하는 경우가 많아서 꼭 한국 휴대폰를 가져오면 편리합니다. 유심 정도만 챙겨오면 필요할 때 한국 휴대폰 사용이 가능합니다. 저는 알뜰폰으로 바꾸고 해외 사용 시 가장 저렴한 요금제로 사용하였습니다.

4. 1년 살기를 위한 단계별 준비 사항을 알아볼까요?

학교 결정과 유학 수속 절차

저는 캐나다 현지에 살고 있는 지인이나 친척이 없었기 때문에 학교를 알아보는 일이나 수속 절차를 밟는 일을 유학원을 통해 진행했습니다. 캐나다로 출국하기 1년 전부터 학교에 자리가 있는지, 입학 절차는 어떻게 되는지, 필요 서류를 무엇인지 미리 확인해 두는 것이 중요합니다.

불안하고 불확실한 정보로 시행착오를 겪지 않고 시간도 절약하려면 아무래도 비용이 좀 들더라도 확실하고 안전하게 유학원을 통하는 것도 좋은 방법인 것 같습니다. 학교 수속을 할 때에 준비 과정에서 현지 보증인을 필요로 하는 서류가 대부분이기 때문에 캐나다에 현지 도움을 받을 사람이 없는 경우에는 유학원 외에 방법이 없습니다.

그렇다고 너무 유학원에만 의존해서도 안 됩니다. 전반적인 준비 과정이나 내용을 잘 알고 있어야 추후에 문제가 발생했을 때 빠르게 대응할 수 있게 됩니다. 저도 교육청과 미리 얘기되었던 학교로 비자 발급을 받았는데 막상 와보니 그 학교에 자리가 없어서 옆 동네 학교로 가게 되었습니다.

유학을 준비하면서 가장 눈에 거슬리는 것이 인스타그램 등에 소개되는 국제 학교나 사립학교의 홍보용 사진들이었습니다. 그런 사진들은 하나같이 한국 아이들 속에 몇 명 외국 아이들을 섞어 구색을 맞춘듯한 느낌이 들었습니다. 그래서 우리는 캘거리의 보통 아이들이 다니는 공립학교로 방향을 정하고 제대로 된 현지 학교에 적응해 보기로 했습니다.

캘거리에는 대부분 공립학교이고 사립학교는 그 수가 아주 적습니다. 다른 나라에서는 사립을 많이 보내는데, 대부분 유학원과의 이해관계가 있거나 국제학생을 받아주지 않는 공립이 많아서 그렇지 않나 싶습니다. 캘거리의 공립학교는 학비가 국제학생에게는 사립과 별 차이가 없습니다. 캘거리에는 일반 공립교육청과 가톨릭 공립교육청의 두 가지 공립학교가 있습니다. 두 학교의 차이는 종교 수업의 유무입니다.

저는 유학원의 도움을 받아 국제학생의 유학 절차가 편리한 가톨릭 공립 교육청을 택했습니다. 국제학생의 경우에는 세례증 없이도 가톨릭 학교 입학이 가능합니다. 가톨릭 공립 초등학교와 일반 초등학교가 커뮤니티마다 번갈아 가면서 위치하고 있어서 집 근처 학교로 배정받을 수 있습니다. 가톨릭 교육청 홈페이지에서 국제 학생 담당자에게 이메일을 보내면 입학 절차를 친절하게 안내해 줍니다.

유학원의 업무와 유학 준비 순서

❖ 학교 알아보기 (제일 먼저 할 일)

❖ 비자업무와 수속

❖ 유학 준비

❖ 정착 서비스(집 구하기, 인터넷, 휴대폰 구입, 차량 구입 등 초기 정착에 필요한 도움을 주는 서비스)

학교가 결정되고, 서류가 준비되면 캐나다 입국 시에 입국심사 과정에서 학생비자와 엄마는 가디언(Visitor) 비자로 교환하게 됩니다.

캐나다는 6개월까지 관광 비자로 체류할 수 있기 때문에 6개월 미만의 유학인 경우에는 엄마는 비자 신청을 하지 않고 가는 경우도 많습니다. 엄마의 비지터 비자는 아이의 학생 비자 기간과 동일하게 나오는데, 저는 처음에 제 비자가 거절되어 입국에는 문제가 없었지만, 관광비자로 체류한 후 나중에 재신청을 했습니다. 이럴 경우에도 추후 해야 하는 과정을 유학원과 상의해 볼 수 있습니다.

엄마는 관광비자로 있어도 6개월까지는 거주에 전혀 문제가 없습니다. 다만 앨버타주 운전면허증으로의 교환은 불가합니다. 국제 면허증으로 운전해야 하는데 보험료가 올라가게 됩니다. 저는 추후에 재신청해서 비지터 비자를 발급받고 면허증 교환을 했습니다. 저는 어학연수를 할 대학생 조카를 데리고 갔는데, 6개월 연수 과정을 등록하려고 하니 학생비자 발급이 되지 않아서 어학연수 기간을 1개월 연장해서 학생 비자를 발급받았습니다.

우선 아이의 학교가 정해져야 그 주변으로 집을 알아볼 수 있습니다. 캘거리는 집 주소 기준으로 공립학교 배정이 되기 때문에, 국제 학생의 자리가 있는 학교를 먼저 교육청과 협의한 후에 그 주변 지역으로 집을 구해야 합니다. 유학 준비의 시작은 아이 학교 등록으로 시작됩니다. 저는 출발 8개월 전에 학교 등록을 마치고 등록금도 납부 완료하였습니다.

캐나다에서 하우스 구하는 방법

캐나다에서 하우스를 구할 때는 하우스 전체를 사용할 건지, 아니면 베이스먼트에 다른 세입자가 있는지 꼭 확인할 필요가 있습니다. 우리가 직접 현지에 가 볼 수 없기 때문에 추후에 많은 문제가 생길 수 있습니다. 층간 소음이 심한 최소 20년 이상이나 된 하우스들이 많기 때문에, 하우스 분할 렌트는 특히 세심하게 잘 알아보아야 합니다. 층간 소음이 생각보다 심해서 소리에 예민한 사람들은 특히 위아래 거주하는 입주자들에 대해서도 잘 확인해 봐야 합니다. 단독 하우스에 한 가족만 사는 경우가 아니라면 어느 정도의 층간 소음은 감안해야 합니다.

우리가 캐나다에 입국했던 2023년 당시만 해도 집 구하기가 무척 어려웠습니다. 일단 캐나다에서의 신용과 직장이 없어서, 몇 달 치 렌트 비용을 선금으로 내는 조건으로 집을 구할 수밖에 없었습니다. 결국 주택임대 사이트에 직접 들어가 아무리 집을 찾아봐도 결정하기 어려워 유학원에서 진행하는 정착 서비스의 도움을 받아 집을 구하게 되었습니다.

렌트 같은 경우에는 한 달에서 2주 전 즈음 뜨는 공실 정보를 사이트에서 확인하고 집주인에게 연락해 집을 보여 달라고 하고, 신청하는 사람이 많으면 집주인이 원하는 세입자를 선택하여 렌트를 해주는 방식입니다. 저는 몇 달 전에 미리 집 구하는 것이 불가능하여 조바심이 생겨 스트레스가 많았습니다.

지금 생각해 보면 에어비앤비나 호텔에 머물면서 집을 구했으면 고생했겠다는 생각이 듭니다. 그 외에도 「CN 드림」이라는 한인 교차로 서비스 사이트에 들어가 한인 부동산업체나 한국인들과 직접 거래를 하는 방법도 있습니다.

저는 코로나가 세계적으로 잠잠해지고 제일 성수기 시즌과 유입 인구 증가 시즌에 집을 구하게 되었는데, 30군데 정도 연락을 넣으면 집을 보여주겠다는 곳은 고작 3~4곳에 불과했습니다. 결국 시세보다 약간 비싼 콘도를 구했지만 오래된 주택이라 썩 마음에 들지는 않았지만, 선택지가 없어 아쉬움이 컸습니다.

하우스 렌트 월세는 2024년 현재 기준으로 한국의 아파트와 비슷한 2베드룸 콘도는 $2,200 전후, 집과 집의 벽이 붙어있는 타운하우스는 $2,600 전후, 단독하우스는 $2,800 이상입니다. 그리고 각종 전기 난방, 수도세 등 유틸리티가 별도로 $300~$600 정도 추가로 들어갑니다.

콘도와 아파트는 대체로 유틸리티가 렌트비에 포함되므로 수도, 전기, 난방을 제약 없이 편하게 쓸 수 있다는 장점이 있습니다. 콘도인 경우에는 주차장이 지하에 있는지, 주차비가 포함된 건지도 확인해야 합니다. 겨울철에는 눈이 많이 오는 지역이기 때문에 지하 주차장이 있는 경우가 편리합니다. 길가에 차를 주차할 경우에는 차량 파손의 문제도 생각할 필요가 있습니다. 다운타운 쪽에 가까울수록 차량 파손 사고가 자주 일어납니다.

단독 하우스는 층간 소음 걱정 없이 넓은 마당과 넉넉한 내부 공간으로 구성된 전형적인 캐나다 집에서 거주해 보는 경험을 해 볼 수 있습니다. 그렇지만 수시로 잔디를 관리해 주고, 겨울철 눈이 오면 마당 쓸기와 같은 소소한 집 관리가 필요합니다. 저처럼 남편 없이 혼자 오는 경우에는 혼자 이 모든 걸 하려면 굉장히 힘들 수도 있으니 신중히 생각하고 집을 선택하는 것이 좋습니다.

저는 캐나다에서는 아파트 생활을 벗어나 하우스에 살아보고 싶었지만, 집 관리가 쉽지 않고, 안전이나 주차 등의 이유로 콘도를 선택할 수밖에 없었습니다. 겨울이 긴 캘거리는 난방비 걱정 없는 콘도가 나쁘지는 않았습니다. 제가 거주했던 콘도는 큰방 두 개에 거실과 부엌이 있는 월 $2,000 (전기, 수도, 난방, 주차 포함)이었습니다.

렌트의 경우에는 중간에 집주인이 바뀌거나 하면 중간에 나가야 되는 상황도 발생할 수 있으므로 계약서 작성 시 꼼꼼하게 잘 확인할 필요가 있습니다. 계약이 종료되어 집을 비워줄 때는 원래 상태로 청소를 해두지 않으면 보증금 (보통 한 달 치 렌트비)을 돌려받지 못할 수도 있으니, 마무리를 잘하는 것도 중요합니다.

저는 좋은 집주인을 만나 1년 계약이 끝나고도 2개월을 더 연장할 수 있었습니다. 그래서 어떤 일이 생길지 모르니 항상 집주인과는 좋은 관계를 유지하는 것이 좋은 것 같습니다. 캘거리에서는 대체로 한국 사람들에 대한 이미지가 좋습니다. 집도 깔끔하게 사용하고 친절하다는 고정관념이 있는 것 같습니다.

집을 구하는 사이트(https://www.rentfaster.ca/ab/calgary)는 동네 위치나 집의 형태, 시세 등을 확인하는 데 도움이 되므로 참고 바랍니다.

캘거리는 동그란 타원 형태로, 열십자(†)로 4등분 한 모양으로 지역 구분을 합니다. 한국인들이 가장 선호하는 지역은 NE(공항 주변 North East)를 제외한 NW(North West), SW(South West), SE(South East)입니다. NE 지역은 범죄율이 높아 위험지역으로 알려져 있어 사람들이 기피합니다.

캐나다에서 살아보니 제 개인적으로는 대형 한국마트인 H 마트, A 마트 등과 한국식 베이커리인 파리바게뜨와 뚜레쥬르가 모여 있는 NW 지역이 살기 좋았습니다. 이 지역은 한국 식당도 점점 많아지고 코스트코와 다양한 마트들이 동서남북으로 생기는 추세라 앞으로도 점점 살기 좋아지지 않을까 싶습니다. 하지만 아이의 학교 위치에 따라 지역을 정할 수밖에 없어 그리 큰 선택권은 없는 것 같습니다.

캐나다 1년 예산은 얼마나 들까?

우선 가장 중요한 학비는 가톨릭 공립학교의 경우에는 부모가 워킹비자를 가지고 있거나 대학교 이상의 학생비자를 취득한 경우에는 아이의 학비는 무료입니다. 아이가 여러 명인 가족이 유학을 오는 경우에는 부모 중 한 명이 대학을 다니는 경우도 있었습니다. 저희 같은 경우에는 아이를 돌보는 것도 쉽지 않을 것 같고, 오랜 직장 생활로 지친 마음을 이곳에서 좀 편안하게 쉬고 싶다는 생각이 많아서 그냥 아이 학비를 부담하기로 했습니다.

우리 아이는 국제 학생으로 공립학교에 다녔는데 한 학기에 $7,500~$7,800 정도를 납부했습니다. 학비에 아이 의료보험료가 포함되어 있어서 아이는 별도의 보험이 필요하지 않은 점은 좋았습니다. 그럼, 대략 학비로 1년에 $15,000 정도의 예산을 잡으면 됩니다. 엄마의 보험은 별로로 계약해야 하는데, 간혹 한국에서 든 보험 중에 해외까지 보장이 되는 보험도 있을 수 있으니 잘 확인하고 이중으로 보험을 드는 일이 없도록 하면 좋을 것 같습니다.

언 듯 생각하기에는 해외니까 생활비가 훨씬 더 많이 들지 않을까 생각할 수 있고 이 점 때문에 해외에 나가 생활하는 것이 꺼려지고 부담스럽다는 이야기들을 많이 합니다. 그런데 실상 한국에서도 아이 학비와 생활비가 적지 않게 들었던 터라 나중에 여기 와서 생활하면서 비교해 보면 저희는 큰 차이를 느끼지 못했습니다. 한국에서 보통 월 150만 원 정도의 학원비를 부담해 왔으니까요. 오히려 교육비보다는 거주비에서 좀 차이가 느껴졌습니다. 아무래도 캐나다 임대료가 낮지 않은 탓이죠.

저희는 이왕 멀리 떠나왔고 다시 또 이렇게 여행다운 여행을 많이 떠나볼 수 있을까 하는 생각에서 처음부터 생활비 외에 미국과 토론토, 밴쿠버 등 주변 도시로 여행경비를 많이 예산에 반영을 하였고, 주말마다 골프 강습과 라운딩을 많이 나간 편이라 이 항목의 예산이 좀 많은 편이었습니다.

대략 예산을 잡아보면 다음과 같습니다.

❖ 주택임대비$24,000

❖ 학비$14,000

❖ 차량 보험료과 세입자 보험료 $4,000

❖ 월 생활비 $24,000

(휴대폰 인터넷 식료품 아이 학원비)

기타 인터넷 사용료 월 $70~90, 휴대폰 사용료 $50~70이 추가되고, 세입자들이면 반드시 의무를 들어야 하는 세입자 보험비로 약 $300~500 1년 치를 납부해야 하는 점은 기억하시기 바랍니다.

아이와 엄마 두 가족의 월 생활비로 대략 $5,000(한화 500만 원) 정도 사용한 셈이죠. 연간으로 환산하면 대략 6,000만 원~8,000만 원 정도 예산이 들어간다고 보시면 될 것 같습니다. 이 예산에서 여행경비와 차량 구입비(나중에 중고로 다시 판매 예상)는 개인적인 필요 비용으로 생각해 두면 되겠죠. 1년 살기를 마치고 한국으로 다시 돌아왔을 때 또다시 시작된 매달 아이 학원비와 이전보다 더 오른 생활물가를 체험하면서 오히려 캘거리에서의 생활비가 더 쌌던 것 같은 느낌이 드는 건 왜인지 모르겠습니다.

누구나 그렇겠지만 처음 해외에 나오게 되면 무조건 아껴야겠다는 생각을 하게 되어요. 그런데 저처럼 이왕 해외에서 생활하게 된 거 후회 없이 다 즐기고 느끼고 오는 게 남는 것 같다는 생각에서 조금씩 예산을 오버하게 되는 점은 감안하고 예산을 좀 넉넉하게 잡으시는 것이 좋을 것 같습니다.

정기적 지출

화폐단위 : CAD $

항목	월간	연간
콘도 2베드룸 렌트비	$2,000	$24,000
학비		$15,000
차량 보험료		$3,000
세입자 보험료		$300
중고차 감가상각		$4,000
생활비	$1,500	$18,000
방과 후활동비	$100	$1,200
휴대폰	$45	$540
인터넷	$70	$840
합계	**$3,715**	**$66,880**

※생활비에 식료품 주유비 외식비 포함입니다.
※외식의 월 2회 정도 했습니다.
※집을 구할 때 세입자는 부동산 중개료를 내지 않습니다.

비정기적 지출

화폐단위 : CAD $

항목	연간
골프, 필드 20회	$1,000
미국 여행	$5,000
벤쿠버, 켈로나 여행	$1,500
토론토 여행	$1,000
하키	$1,500
한국 캐나다 항공권	$2,000
유학원 정착 서비스	$3,000
합계	$15,000

차량 구입은 필수!

캘거리에서 아이를 등하교시키거나 방과 후 활동, 그리고 장보기와 여행을 편안하게 다니려면 반드시 차량을 구입하는 것이 좋습니다. 캐나다에서는 이동하는 목적지 간 거리가 길고 시간을 단축하려면 차가 필요합니다. 저희는 중고차 매매업체를 통해 소형차를 $20,000 정도에 구매하여 1년간 잘 사용하였는데, 이 정도면 그리 싼 가격은 아닙니다. 코로나 이후 중고차 가격이 많이 올랐다고 하더라고요. 한국으로 돌아올 때는 다시 같은 업체를 통해 비교적 어렵지 않게 잘 팔 수 있었습니다.

업체가 아닌 개인적인 직접 거래는 좀 더 비용을 아낄 수 있어 좋은 점도 있지만 돈거래 시 발생하는 위험도 감수해야 하니 안전하게 거래하려면 역시 전문 업체를 활용하는 것이 좋지 않을까 싶습니다. 중고차를 구매할 때는 윈터 타이어 유무도 확인한 것이 좋습니다. 캘거리는 눈이 많이 내리는 지역이어서 윈터 타

KIA
RIO
CNG-9192

WOODRIDGE
Ford

이어가 필수인데 별도로 구입하려면 $1,000~$2,000 정도가 필요합니다. North 지역과 South 지역 모두 곳곳에 큰 중고차 마켓이 있는데 한국 직원분이 있어 의사소통이 어렵지는 않습니다. 제가 거래한 곳은 South trail KIA라는 곳이었습니다.

면허증은 한국 면허증과 국제면허증, 여권을 가지고 가까운 레지스트리(Registry)를 검색하여 방문하면 됩니다. 레지스트리는 한국의 동사무소와 같은 곳입니다. 캘거리에서는 개인이 면허나 의료보험 그리고 교통 위반 범칙금을 납부하거나 등록 업무와 같은 것을 정부에서 하지 않고, 레지스트리가 위탁받아 처리해 줍니다. 한국 국제면허증과 플라스틱 일반 영문 겸용 면허증을 제출하면 별도의 절차 없이 앨버타주 운전면허증으로 교환됩니다. 이때 사진을 촬영하고 $30~50 정도 인지 비용만 지불하면 됩니다.

차량 보험료는 연간 $3,000~$4,000 정도입니다. 한국에서 10년 무사고 이력을 제출하면 보험료 할인

혜택이 있으니 참고 바랍니다. 모든 보험사에는 한국인 직원이 있기 때문에 견적을 받아 비교하여 결정하면 됩니다. 운전면허증은 캐나다 내에서 신분증으로 유용하기 때문에 캐나다 도착 후 가능한 한 빠른 시일 내에 하는 것이 좋습니다.

캘거리에서의 운전은 그리 어렵지 않습니다. 규정 속도를 잘 지키고 정지선에서 3초간 기다리는 것만 잘 지키면 됩니다. 혹시 속도위반 등에 걸리는 경우, 경찰이 차를 세우라는 신호를 보내면 차를 갓길에 세우고 절대 차에서 내리지 말고 그대로 운전석에 앉아 있으면 됩니다. 차에서 내리면 도주하는 것으로 간주되고 안전의 문제가 있어 더 큰 범칙금을 내게 됩니다.

저는 속도위반 벌금이 $120 정도 나왔던 적이 있었는데 온라인으로 납부하면 되고, 사유를 이야기하고 재고해 달라는 요청을 하게 되면 조금 할인을 해 주기도 합니다. 당연한 말이지만 운전 시에는 반드시 면허증과 보험증은 지참하고 다녀야 합니다.

캐나다에서 은행 계좌를 개설하는 방법

한국에도 다양한 은행이 있듯 캐나다에도 여러 가지 은행이 있습니다. 대표적인 곳이 TD Bank, Scotia Bank, RBC Bank, CIBC Bank, BMO 등인데 한국인이 근무하는 지점이 많아서 의사소통하는 데는 그리 어려움이 없습니다.

캐나다 은행에 계좌를 개설하려면 개인정보 확인이 가능한 신분증을 최소한 2개 이상 가지고 가야 합니다. 먼저 여권과 비자를 준비하고, 국제 운전면허증이나 학생인 경우 학생증 등 본인 사진과 생년월일이 들어간 신분증이 필요하다고 보면 됩니다. 그리고 은행에서 발행될 우편물을 수령할 캐나다 현지 주소, 캐나다 현지 전화번호도 챙겨가야 합니다.

캐나다 은행은 한국과 달라서 반드시 상담 예약을 잡아야 합니다. 오전 일찍 지점에 방문해서 내 일정에 맞게 당일 예약을 잡아놓고 근처에서 볼일을 보다가 시간에 맞추어 재방문하는 것이 가장 편한 방법 중의 하나일 것입니다.

캐나다의 메이저 은행들은 무료 통역 서비스가 있어서 담당자에게 한국인 통역 서비스가 필요하다고 요청하면 전화로 실시간 통역 서비스를 제공하고 있으니 참고하시기 바랍니다.

캐나다 은행은 대부분 계좌 이용료와 유지비가 있는데 동일 계좌에서 일정 횟수 이상 입출금을 하게 되면 입출금에 따른 일정액의 수수료가 부과되고 계좌를 유지하는데도 매달 $10 정도의 비용이 발생합니다.

캐나다 은행에서 계좌를 개설하고 나면 해당 은행에서 체크카드를 바로 만들 수 있습니다. 바로 안될 경우에도 빠른 시일 내에 주소지로 배송됩니다. 신용카드 개통은 생각보다 복잡해서 바로 못 만들 수도 있습니다. 캐나다의 신용카드는 보증금이 필요하기 때문에 본인이 원하는 신용카드 이용 금액 한도를 미리 결정하고 그만큼의 보증금을 신용카드 계좌에 따라 넣어두어야 하는 불편함이 있습니다.

어떤 신용카드가 좋은지 모르겠다면 직원에게 추천을 받는 것도 좋은 방법입니다. 캐시백이나 각종 보험 혜택을 제공하는 신용카드를 선택하는 것이 좋습니다.

캐나다의 은행 업무시간은 한국보다는 유동적이어서 은행마다, 지점마다 다르긴 하지만 오후 6시, 오후 8시까지 업무를 보는 은행도 있고, 주말에도 영업을 하는 은행도 있습니다.

한국과는 달리 좀 복잡하긴 해도 모바일 뱅킹도 편리합니다. $100 미만의 소액은 바로 처리되고, 그 이상은 좀 시간이 걸리지만 처리가 가능합니다. 캐나다는 한국과는 달리 비접촉 카드기를 많이 사용하고 있어서 카드를 갖다 대기만 하면 결재가 되어 편리합니다.

캐나다에서 카드를 분실하게 되면 전화 연결에 시간이 걸리니까 만약 은행 업무시간 내라면 은행으로 직접 방문하여 처리하는 것이 빠를 수 있습니다. 누군가 내 카드를 습득하여 사용했다고 해도 도난 카드인 것이 증빙되면 환급해 줍니다.

저는 한국에서 국내 한정으로만 인터넷뱅킹을 설정해서 해외에서 사용하는데 불편함이 있었습니다. 변경은 한국에서만 가능하기 때문에 한국에서 미리 설정을 변경하고 오시면 편리합니다.

휴대폰 개설하기

저는 한국에서 사용하던 휴대폰 기기를 그대로 가져가서 유심만 바꾸어 사용했습니다. 요금제는 폰박스(phone box)라는 업체를 통해 개통했는데, 카카오톡에 폰 박스를 검색해서 대화하시면 한국인 직원이 친절하게 안내해 줍니다. 요금제에 따라 다르지만, 한 달에 $50~$70 정도 합니다.

그리고 휴대폰 보호 액정이나 케이스가 캐나다에서 매우 비싸기 때문에 여분을 많이 가져오시면 편리합니다.

5. 아이들의 천국 캐나다 초등 교육

캐나다 초등 교육과정

캐나다의 학기는 9월에 시작됩니다. 한국보다 반 학기가 빠르죠. 여름방학은 길고(2달), 겨울방학은 크리스마스와 신년에 2주 정도로 기간이 짧습니다. 우리 아이는 2학년이 시작되는 그해 1월에 캐나다에 도착했는데 2학년 2학기에 해당되었고, 그해 9월에 3학년 1학기가 시작되었습니다. 9월부터 1월이 첫 학기이고, 2월부터 6월이 두 번째 학기가 됩니다.

중간에 봄방학(Spring break), 부활절(Easter break), 추수감사절(Thanks giving break), 크리스마스(Christmas and winter break) 등 일주일의 짧은 방학이 있는데 이때마다 YMCA에서 진행하는 캠프가 있습니다. 7월, 8월은 여름방학(Summer vacation)이라고 해서 한 학년이 마감되고, 두 달간 모든 학교가 쉽니다.

학교 수업 시간은 Grade 1부터 Grade 9까지 모두 오전 8시 30분에 시작하여 오후 3시경에 끝납니다. 수업 시간은 모두 비슷하지만, 학교마다 시작 시간이 모두 다릅니다. 보통 가톨릭 학교는 월요일~금요일까지 일정 시간 수업이 진행되고, 일반 학교는 월요일~목요일이 약간 길고 금요일에는 반나절 수업을 하는 곳이 대부분입니다.

보통의 초등학교는 한국 초등학교처럼 1학년부터 6학년까지 편성되어 있지 않고,

⁂ K-4 (Kinder부터 Grade 4)

⁂ K-6 (Kinder부터 Grade 6)

⁂ 5-9 (Grade 5~9)

⁂ K-9 (보통 7, 8, 9를 중학생의 학년 Junior high 학년 혹은 Secondary라고 합니다.)

이런 식으로 초등학교마다 교육하는 학년 범위가 모두 다릅니다. 그래서 만약 5학년과 2학년 형제나 자매가 같이 오게 되면 같은 학교를 다니지 못할 수 있습니다.

수업방식은 담임 재량

한국의 저학년에 비하면 캐나다가 비교적 수업 시간이 깁니다. 오전에 리세스 그리고 간식, 점심 전후에 또 한 번의 리세스, 대부분 캘거리 초등학교는 이런 식의 사이클로 수업이 진행됩니다. 한겨울에도 영하 15도 전후까지는 바깥 리세스 활동을 하기 때문에 겨울에는 장갑과 스키팬츠와 스노 부츠를 꼭 챙겨서 학교에 보내야 합니다.

캐나다 캘거리는 교육과정은 있지만 교과서가 없습니다. 하지만 과학, 사회, 문화, 언어, 수학, 체육, 음악과 같이 다양한 과목을 배우게 됩니다. 수업 방식은 전적으로 담임 재량입니다. 같은 학교, 같은 학년이라도 담임에 따라 배우는 과정이 아주 다릅니다. 우리 아들은 3학년 때 곱셈을 시작했지만 다른 반은 곱셈 수업을 하지 않고 다른 내용을 수업하는 식입니다.

교과서가 따로 있는 것이 아니기 때문에 전적으로 어떤 담임을 만나느냐가 배움의 큰 차이가 나게 되는 것입니다. 좋은 담임을 만나는 것이 운인데, 대체로 캘거리의 선생님들에 대한 평은 좋은 편이었습니다.

학교 숙제는 2학년 때는 매주 간단한 10개 정도의 단어 시험과 학교에서 사용하는 라즈키즈와 같은 독서프로그램 숙제가 있었습니다. 3학년 때는 매주 수학 문제집과 같은 부교재 숙제가 있었고, 학교에서 제공하는 온라인 수학 프로그램과 리딩 프로그램을 자율적으로 활용할 수 있었습니다.

한국처럼 한자리에 가만히 앉아서 하는 주입식 교육보다는 다양한 활동이 많았습니다. 수업이 워낙 다채롭고 재미있어서 아이가 학교 가는 것을 무척 좋아해서 정말 캐나다에 잘 왔다는 생각이 들었습니다.

수학은 대체로 한국 아이들에게 무리가 없습니다. 2학년 때 1부터 100까지 세는 것을 배웠으니, 한국에 비해 진도가 빠른 편이 아니었습니다. 고학년도 마찬가지로 수학에 어려움이 없는데, 3~4학년 때부터는 한국과 마찬가지로 곱셈과 나눗셈을 배우면서 학습 난이도가 점차 올라갑니다. 한국 아이들에게 문제가 되는 과목은 소셜(사회)과 과학입니다.

이 과목들은 용어 자체가 생소하고 어려워서 처음에 애를 먹었습니다. 캐나다에 대해 배우기도 하는데 이 과목은 지명이나 역사를 아이가 처음 접하는 거라 익숙하지 않고 이해가 어려운지 수업 집중도가 많이 떨어졌습니다. 그래서 금방 흥미를 잃을 것 같아서 담임선생님께 앞자리에 앉혀 달라고 부탁을 드렸고 배우는 진도에 맞추어 관련 단어들을 집에서 미리 예습시켜서 학교에 보낸 것이 수업에 적응하는 데 효과적인 방법이 아니었나 싶습니다.

캐나다의 초등 교육과정을 미리 파악하고 싶다면 시중에서 판매하는 캐나디안 커리큘럼 시스(Canadian Curriculums)라는 책을 아마존에서 구입해 읽어보면 도움이 될 것입니다. 이 책으로 수업을 진행하고 있지는 않지만, 현재 캐나다 초등학교에서 배우고 있는 내용이 무엇인지 정노는 알 수 있습니다. 수업 중에 사용되는 학습 단어들도 미리 공부해 볼 수 있는 장점도 있습니다.

아이 학교 적응하기

처음으로 낯선 해외 생활을 시작하면서 제가 가장 걱정이 되었던 것이 아이의 학교생활이었습니다. 선생님의 말씀을 잘 알아듣고 적응할 수 있을지, 친구들과는 잘 어울리면서 재미있게 지낼 수 있을지 염려가 되어 매일 아침 아이를 등교시키면서 조마조마한 하루를 보냈던 것 같아요. 한국이나 캐나다나 자기 아이를 돌보아주겠다고 하면 다들 환영하는 분위기라 저는 우리 아이에게 친절하고 관심을 보이는 친구들이 눈에 띄면 함께 실내 키즈 카페에 데리고 가서 아이와 함께 놀게 했습니다.

맛있는 간식도 나눠 먹고 서로 얼굴도 익히고 다음에 또 만나면 반갑게 어울릴 수 있는 기회를 많이 만들어 주었습니다. 또한 농구공이나 축구공을 사서 꼭 학교에 갈 때 보냈습니다. 남자아이들에게는 역시 이것도 효과적이었습니다. 같은 반 아이들은 아이가 가지고 간 공에 먼저 반응하면서 놀자고 다가왔으니까요. 방과 후에는 매일 학교 놀이터에서 놀면서 친구를 만들어 주기 위해서 부단히 노력했습니다.

차츰 친해진 친구들과는 수영장이나 동물원도 가고, 같은 반 친구 생일파티에 초대받기도 하면서 점차 캐나다 생활에 적응해 나가는 아이가 참 대견하게 느껴졌습니다. 캐나다 친구들에게 생일파티에 초대받으면 대략 $30~$50정도 가격의 생일 선물과 축하 카드를 준비해서 가면 됩니다. 생일 파티 장소로 키즈카페나 파티룸은 대여료나 음식이 좀 비싼 편이라 만약 아이 생일파티를 할 계획이라면 이 비용도 예산에 포함해 두면 좋을 것 같습니다.

캘거리 사람들이

친절하다고는 하지만,

영어도 제대로 못 하는

우리 아이에게

친절하게 대해주거나

챙겨주거나

갑자기 친구가 되어주는 일은

절대 없습니다.

이렇게 한 학기쯤 지나면 제법 친한 친구들도 생기면서 점차 해외 생활이 익숙해져 갑니다. 아이 혼자 스스로 친구도 사귀고 학교생활에 적응하기에는 언어나 문화가 달라서 시간이 오래 걸리니까 엄마가 적극적으로 도움을 주는 것이 좋습니다. 적극적인 성격의 아이라면 그나마 괜찮겠지만 소극적인 성격을 가진 아이라면 더더욱 적응이 쉽지 않을 수 있습니다. 이민을 왔거나 장기 유학이라면 천천히 적응해도 괜찮겠지만 1년이라는 짧은 시간 안에 적응해야 한다면 더더욱 빠른 적응이 중요하지 않나 싶습니다.

한국이나 캐나다나 학교에서 문제를 일으키는 학생은 어디나 있습니다. 혹시 학교에서 아이가 문제 친구들로부터 괴롭힘을 당하거나 불편하게 하는 친구가 있으면 담임선생님과 교장선생님께 현재 아이의 상황을 가능한 한 상세하게 이메일로 알리면서 문제 해결에 도움을 요청하게 되면 대부분 적극적인 대응을 해 줍니다. 우리 아이도 학기 초에 몸이 왜소하고 어리숙해 보이는지 얕잡아 보고 괴롭히는 아이가 있어 처음에는 담임에게 문제를 알렸고 그 아이에게 주의를 주어도 계속 같은 행동을 반복해서 한번은 수업이 끝나갈 무렵 학교 앞에서 기다렸다가 그 아이의 엄마에게 직접 이야기하여 좋아진 경험이 있습니다.

캘거리 사람들은 백인 비율이 높고, 기본적으로 친절하고 젠틀합니다만, 학교 적응은 좀 다른 문제였습니다. 처음 몇 달은 아이가 학교에 적응하는 일이 정말 쉽지 않았습니다. 아이가 처음 학교에 가면 착하고 명랑한 백인 아이들이 호기심을 가지고 반겨주며 금방 친구가 되어줄 거로 생각했지만, 현실은 좀 달랐습니다. 저희 아이는 한국 학교에서는 곧잘 친구도 사귀고 밝고 활달한 성격이었는데 캐나다에서는 적응에 어려움을 많이 겪었습니다.

캘거리 사람들이 친절하다고는 하지만, 영어도 제대로 못 하는 우리 아이에게 친절하게 대해주거나 챙겨주거나 갑자기 친구가 되어주는 일은 절대 없습니다. 기존에 친구 관계가 잘 형성된 그룹들이 있어서 영어가 아무리 능통하다고 해도 이 그룹들에 쉽게 끼어 노는 건 어려운 일입니다. 캘거리는 하루에 두 번 리세스 타임이라고 학교 운동장과 놀이터에 나가 노는 실외 활동 시간이 있습니다. 운동장에서 자유롭게 뛰어노는 시간인데, 새로운 친구가 왔다고 갑자기 손을 끌거나 놀이에 참여시켜 주지는 않습니다. 이런 부분 때문에 아이도 저도 마음고생을 많이 했습니다. 그때는 무척 마음이 아팠는데 나중에 한참 시간이 흐르고 나서 생각해 보면 이 과정이 또 아이가 성장하는 시간이 아니었나 싶습니다.

저는 우선 반 아이들에게 줄 간식을 준비하고 카드도 준비해서 새로 왔다는 걸 알렸습니다.

"우리는 한국에서 왔는데 앞으로 잘 부탁한다. 나는 너희들과 플레이 데이트를 정말 하고 싶어. 관심 있는 사람은 꼭 연락해"

이런 식으로 간식과 카드를 돌리지만 그렇다고 바로 연락이 오는 것은 아닙니다. 그리고 담임에게 친절하고 좋은 친구와 짝꿍이 될 수 있게 해달라고 부탁했습니다. 이렇게 노력하며 시간이 좀 지나면 교실이나 학교 놀이터에서 말을 걸어주거나 친절하고 다정한 아이가 생기기 시작합니다. 그러면 맘 카드에 예를 들면 이렇게 써서 그 아이에게 보내면 거의 긍정적인 답신이 옵니다.

"헨리 엄마 안녕하세요. 저는 누구 엄마입니다. 우리 아이가 헨리랑 플레이 데이트를 하고 싶어 하는데 편한 날짜를 알려주시면 좋겠습니다. 제 전화번호는 ***-***-****"

학교 수업 외 다양한 특별활동들

이민자의 나라답게 캘거리에서는 학교마다 차이는 있지만, ELL class라고 해서 영어를 모국어로 하지 않는 나라에서 온 학생들을 위한 ESL과 같은 수업이 매일 한 시간 정도 진행됩니다. 평소 수업 외에 숙제를 내주거나 한 적은 거의 없었고, 학교에서 제공하는 온라인 리딩이나 수학 사이트에 들어가 자율적으로 공부하는 것을 권장했습니다. 그래서 아이 책가방에는 항상 책보다는 도시락만 들어 있었고 공부 스트레스 없이 늘 행복한 모습으로 학교생활을 했던 것 같습니다.

학교에 따라 비포(Before) / 애프터(After) 스쿨 과정이 있는 학교와 없는 학교가 있습니다. 부모가 직장 생활을 하는 경우에는 사설 비포 / 애프터 스쿨을 보내기도 하고, 학교에 있다면 학교에서 그 시간을 보내기도 합니다. 저희는 여름방학 전 일주일 진행되는 스페셜데이에 참여하기도 했습니다. 스페셜데이는 체육관과 같은 시설에서 크레이지헤어데이, 하와이안데이, 캐나다데이, 카우보이데이로 다양한 체험을 할 수 있어 아이가 즐겁게 다녔습니다. 애프터 스쿨은 한국처럼 하교 시간에 맞춰 셔틀버스가 학교 앞에 대기하고 있다가 아이들을 데리고 가거나, 인솔자가 모아서 이동합니다.

다만, 매일 도시락이나 간식을 준비하는 것이 가장 번거로웠습니다. 그때만큼은 한국 학교의 급식이 정말 그리웠습니다. 저는 간식으로는 과일이나 간단한 스낵, 주스나 팩 음료를 싸줬고, 점심은 튀김류나 볶음밥, 김밥 등을 준비해 주었습니다. 캘거리 아이들에게 익숙하지 않은 음식 냄새가 나는 참기름이나 김치 등은 처음에는 싸주지 않았습니다. 캘거리 아이들은 보통 샌드위치를 많이 싸 왔습니다. 참고로 학교에 따라 펀 런치(Fun Lunch)라고 주 1회 돈을 내면 피자나 샌드위치 등을 제공하는 학교도 있습니다.

하지만 런치 후에 나가서 놀아야 되는 리세스가 있기 때문에 대부분의 아이들이 먹는 둥 마는 둥 하고 뛰어나가긴 합니다. 처음에는 그래도 좀 먹더니 친구를 사귀고 나서는 거의 안 먹는 날도 많았습니다. 그래도 안 싸 줄 수도 없으니 1년 동안 도시락 때문에 바쁜 아침을 보냈습니다.

학교 안에서는 인도어 슈즈를 신습니다. 한국의 실내화 같은 개념인데, 대부분 운동화를 신습니다. 운동화를 하나 더 보내면 학교에 두고 실내화처럼 사용합니다. 등교 시에 갈아 신는 사물함이 있습니다. 실내 체육 같은 활동도 있기 때문에 대부분 인도어 슈즈로 운동화를 사용하는 것입니다. 한국 학교에서 신는 실내화 형태는 실내 체육 활동에 적절하지 않아서 사용하지 않습니다.

학교 물품은 각 학년마다 필요한 학용품과 수업에 필요한 각종 문구, 그리고 생활용품 리스트를 학기 초에 전달합니다. 학교와 연계된 웹사이트에서 한꺼번에 구매해서 학교로 발송해 주는 서비스가 있어서 대부분 그것을 이용합니다. 저는 2학기 시작즈음에 들어가서 학교에서 필요한 리스트를 가지고 별도로 구매했습니다. 간단한 학용품은 한국에서 가져오시는 것을 추천합니다. 여기는 예쁜 것도 없고 비싸서 여분의 학용품을 챙겨오면 도움이 됩니다.

추천해 주고 싶은 신나는 방과 후 활동

캘거리 생활에서 빠질 수 없는 활동이면서 가장 자주 이용하게 되는 시설은 바로 YMCA입니다. 어린이는 월 $20 정도이고 어른은 $70~$80 정도에 모든 시설 이용이 가능해서 서희는 월간 단위로 회원 가입을 해서 활용을 했고, 회원은 모든 수업을 우선 수강 신청할 수 있는 기회가 있어 유리합니다. YMCA에는 각종 운동시설이 갖추어져 있고, 요가나 헬스, 클라이밍과 같은 수업을 무료로 들을 수 있습니다. 워터파크와 같은 놀이시설도 많아서 아이와 주말이나 방과 후에 많이 이용했습니다. 덕분에 저도 그동안 바쁜 직장 생활로 굳어져 있던 몸을 요가로 풀면서 유연해지고, 헬스와 아쿠아로빅으로 체력도 단련하면서 건강하고 즐거운 맘 라이프를 즐기지 않았나 싶네요.

YMCA의 아이들 프로그램은 미술, 음악, 수영, 농구, 클라이밍, 스케이트, 댄스, 노래 등을 3개월($120-$200 정도), 4개월 단위로 등록을 할 수 있게 되어 있어서 우리는 1년 동안 미술과 만들기 수업을 계속했고, 수영과 농구 수업에 참여했습니다. 캘거리 대부분의 선생님이 그렇지만 매사 아이들에게 무척 친절하고 격려도 많이 해 주어서 수업에 참여하는 걸 아이가 무척 좋아했습니다.

BROOKFIELD RESIDENTIAL
YMCA AT

캘거리 시에서 운영하는 프로그램도 굉장히 다양하고 좋습니다. 홈페이지(City of Calgary : https://www.calgary.ca/home.html)에 들어가면 분기별로 다양한 활동을 신청할 수 있습니다. 저희도 한국에서 미리 이 홈페이지를 통해 수영 수업을 신청해서 캘거리에 도착하자마자 바로 수업에 참여할 수 있어 좋았습니다. 집 근처에 이런 프로그램을 진행하는 곳이 있는지 사전에 한번 알아보고 미리 준비하면 시간도 단축되고 좋을 것 같습니다.

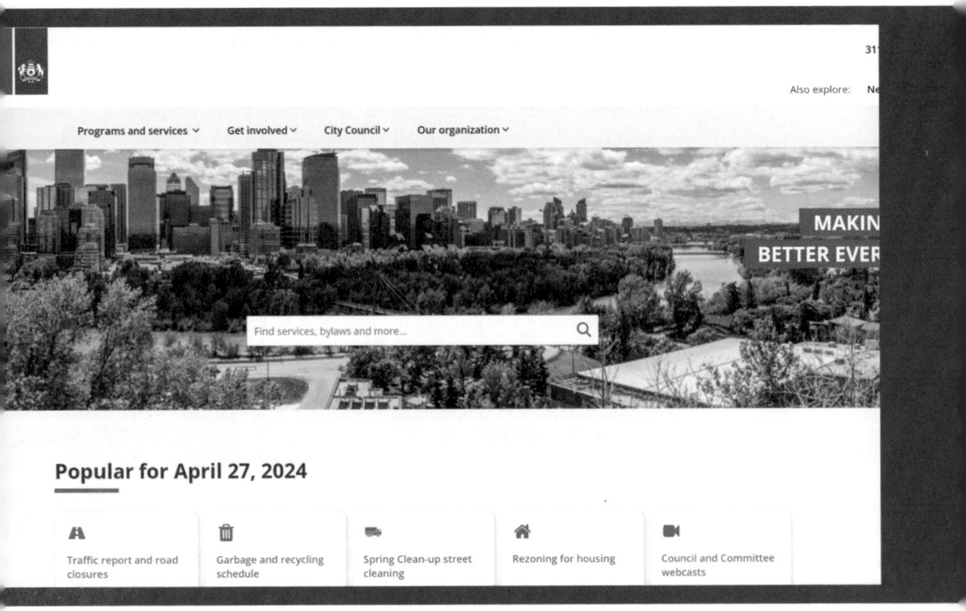

또 다른 활동으로 캘거리 퍼블릭 도서관에도 프로그램들이 많이 있습니다. 홈페이지(http://www.calgarylibrary.ca)에 접속하여 프로그램 코너에 들어가면 월 단위로 진행되는 연령별 신청 가능한 무료 프로그램들을 찾을 수 있습니다. 퍼블릭 도서관의 회원가입은 비자와 상관없이 여권 등 신분증만으로 누구나 신청 가능합니다.

우리 아이는 1년 내내 리딩 버디(Reading buddy)라는 프로그램과 코딩 버디(Coding buddy)라는 프로그램에 참여했습니다. 주로 중고등학생 형, 누나들이 봉사활동으로 일대일로 책을 읽어주는 활동도 있고 컴퓨터 프로그래밍을 가르쳐 주는 프로그램이었는데 생각보다 유용하고 아이도 만족스러웠는지 한 번도 결석하지 않고 다녔습니다. 프로그램에 참여하는 내내 영어로 대화하면서 공부가 아닌 놀이로 접근하기 때문에 영어 능력도 향상되고 자연스럽게 공부로 이어지는 즐거운 수업이었다고 생각됩니다.

스토리 팔(Story Pal)이라는 프로그램도 있습니다. 이 프로그램은 고도로 훈련된 강아지들에게 책을 읽어주는 프로그램입니다. 봉사자들이 강아지들과 와서 책 읽기를 들어주는 프로그램인데 동물을 좋아하는 아이들에게 매우 인기가 좋습니다.

무엇보다 모든 도서관 프로그램은 무료여서 더 좋았습니다. 영어는 자연스러운 대화에서 가장 많이 늘기 때문에 최대한 많은 기회를 만들어 주려고 항상 노력했습니다. 찾아보면 다양한 스포츠 프로그램도 무료인 게 많고 행사도 많아서 좀 부지런하게 찾아다니면 다양한 기회와 체험을 할 수 있습니다.

pets helping people

LIBRARY
VOLUNTEER

저 개인적으로 가장 만족스러웠던 활동은 아이스하키가 아닌가 싶습니다. 오래전부터 하키의 나라 캐나다에서 아이에게 하키를 꼭 경험해 보게 하고 싶었던 터라 한국에서부터 미리 1년 정도 아이스하키를 하고 갔습니다. 캘거리에 와서 겨울 시즌에 하키팀에 들어가 아이스하키 지역팀 리그에도 참가했는데요. 실력과는 상관없이 정말 즐겁게 캐나디안 다운 경험을 할 수 있지 않았나 싶습니다.

하키는 몇 개의 커뮤니티마다 팀이 있는데 겨울 시즌 리그가 시작하면 10월부터 3월까지 연습도 하고 경기도 하면서 그 시즌을 보냅니다. 거리가 먼 지역에 경기가 있으면 팀들이 같이 숙박도 하고 여행도 하면서 정말 현장감 있는 생생한 문화적인 체험을 할 수 있었습니다. 캐나다에서 한 많은 경험 중 엄마는 너무 고생스러웠지만 아이에게 가장 즐거웠던 경험 중 하나가 바로 이 활동이 아니었을까 싶습니다. 여기에서 하는 모든 스포츠가 한국처럼 셔틀이 있는 게 아니어서 엄마가 부지런히 아이들을 태우고 다녀야 해서 부모의

역할이 중요합니다.

여자 친구들은 피겨스케이트를 많이 하기도 하지만 하키팀 내 여학생 비중이 거의 절반일 정도로 캐나다에서는 하키를 즐긴다고 생각하면 됩니다.

그 외에 피아노와 같은 악기를 배우려면 개인교습을 하게 되는데 비용이 한국 대비 3배 이상 비싸기 때문에 가성비를 생각하면 한국에서 하는 것이 좋은 것 같습니다. 고학년생들은 오케스트라가 있는 학교가 많아서 오케스트라에 들어가면 무료로 레슨을 받을 수 있기도 합니다. 캘거리는 뭐든지 한국에서 기본기를 익히고 그다음을 발전시키기 좋은 곳이라는 생각을 자주 하게 되었습니다.

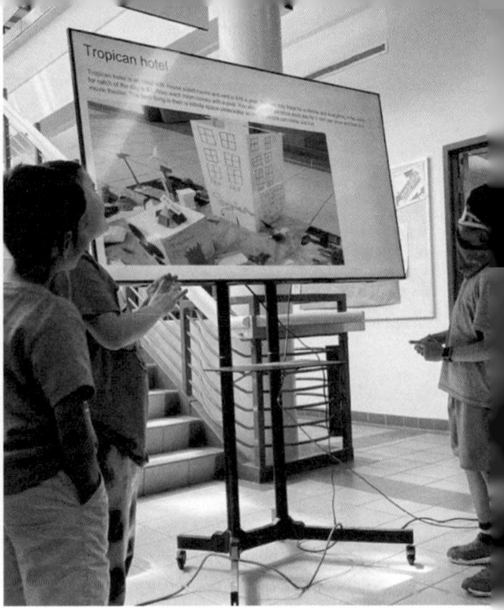

아이 만족도 최고인 썸머캠프

한국에서는 해외에서의 썸머캠프에 대한 관심이 높습니다. 이 썸머캠프만을 위해 해외에서 몇 달 살기를 계획하고 있는 경우도 많습니다. 한국에서 주로 많이 소개되는 썸머캠프는 동남아나 호주, 미주 전 지역에서 진행되는 프로그램이 많습니다만, 우리는 캐나다에서 진행되는 프로그램을 중점적으로 직접 찾아보았습니다.

캘거리는 모든 학교가 7, 8월에 여름방학을 합니다. 아들과 같은 반의 캐나디안 친구들은 보통 이맘

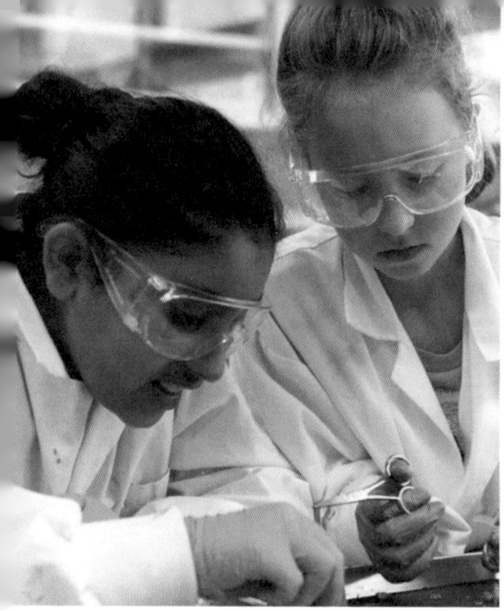

때 먼 친척을 방문하거나 가족여행을 많이 갑니다. 그래서 보통 캐나다 아이들의 경우에는 이 썸머캠프를 한두 개(1주일 단위) 정도 하는 것 같았습니다. 본격적인 캠핑 시즌이기도 해서 우리 아이도 집에서만 지낼 수는 없어서 좀 더 적극적으로 참여해 보기로 했습니다.

좀 알려진 썸머캠프로는 캘거리 내에 있는 대학(Calgary Univ., Mount royal,SAIT..등)에서 진행하는 프로그램과 YMCA 프로그램이 유명하고 그해 2월 초부터 순차적으로 접수가 시작됩니다. 그 외에도 과학관과 동물원, 각종 스포츠 센터 등에서 하는 캠프들이 반응이 좋고 좀 더 찾아보면 사설 캠프들도 많이 있지만 이 사설 캠프들은 시설이나 프로그램, 비용이 천차만별이기 때문에 상세히 비교 검토해 보고 선택하는 것이 좋습니다. 자칫 잘못 선택하면 프로그램이나 시설이 열악한 곳일 수도 있습니다. 한국에서 여름 시즌에 맞춰서 오는 경우에는, 현지 정보를 잘 수집하여 사전 등록을 하고 오면 바로 캠프에 참여할 수 있어 좋습니다.

■ 캘거리대학교 캠프(https://www.ucalgary.ca/)

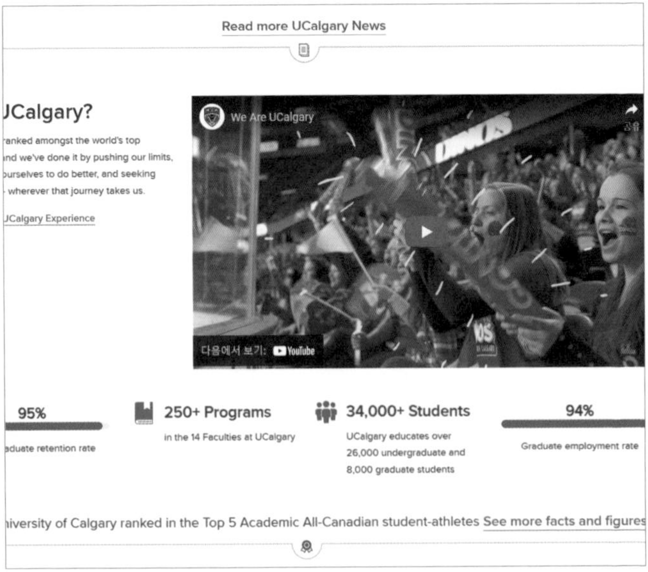

■ YMCA 캠프(https://www.ymcacalgary.org/)

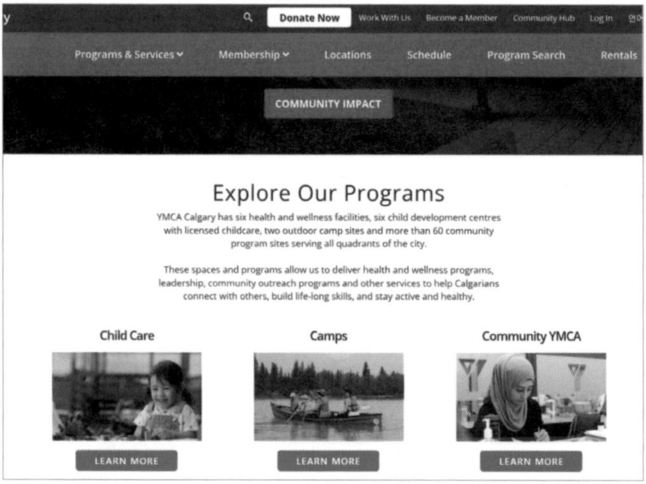

■ 동물원 캠프(https://www.calgaryzoo.com/)

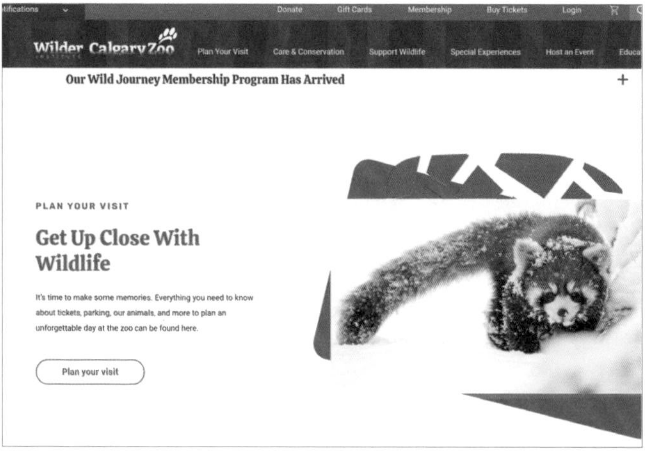

캠프 등록은 대부분 1주일 단위로 각 홈페이지에서 등록 신청할 수 있습니다. 저희는 7월~8월, 1주일 단위로 8~9번의 캠프 등록이 가능했지만 그해 여름에 아빠와 가족들의 방문이 있어서 함께 여행을 다니느라 우리는 YMCA 캠프 3주, 캘거리대학 캠프 1주, 동물원 캠프 1주를 참여했습니다.

캠프 참여 비용은 1주일에 $250~$400 정도 합니다. 시간은 보통 8:30~4:30 정도로 학교 수업에 비해서 긴 편입니다. 썸머캠프에 대한 아이의 반응은 정말 최고였습니다. 학교는 안 다니고 캠프만 다니고 싶다고 할 정도였습니다. 하루 종일 대학생 선생님들이 너무 재밌고 친절하게 놀아줘서 다양한 활동을 하니 얼마나 즐거웠을까 싶습니다. 저학년일수록 캠프 타이틀이 학습과 관련된 캠프라고 해도 학습에 치중하지 않고 아이들이 신나게 즐기며 놀면서 배우는 프로그램이라 생각하면 됩니다.

예를 들어 캘거리대학 범죄과학 캠프는 첫날 지문 수업을 하면서 지문을 한번 찍어보고 나머지 시간에는 수영도 하고 술래잡기도 하면서 신나게 놀다 왔다고 하니, 안 신날 수가 없겠죠. 고학년일수록 좀 더 실험에 집중하고 캠프 테마에 맞게 심도 있게 배운다고 하니 나름 유익한 시간이 될 수 있을 것 같습니다. 이렇게 자연스럽게 뛰어놀면서 영어를 익히니 아이의 영어 실력도 부쩍 늘지 않았나 싶습니다. 게다가 학교처럼 아이들 간 편 가르기가 없고 새로 만나 1주일 단위로 활동하는 모임이니만큼 서로 친절하고 잘 어울리려는 성향들이 많아 새롭게 이런 활동에 참여하는 아이들에게는 최적의 프로그램이 아닐까 싶어요.

캠프 선정 시 주의해야 할 점은 한국 업체들이 알선하는 해외 캠프들은 대부분 현지에서 인기가 없는 사설 캠프인 경우가 많고 막상 아이들을 보내보면 한국 아이들끼리 놀게 되어 실망스럽다는 후기가 많아서 이왕 해외 캠프를 보내겠다고 마음먹었으면 연초에 서둘러 각 캠프별 장단점과 아이의 특성에 맞는 프로그램을 열심히 찾아서 사전 등록을 하는 방법을 추천드립니다. 현지의 인기 있는 캠프는 경쟁이 치열하니 엄마의 정성이 우리 아이가 참여할 캠프의 질을 좌우하는 것입니다.

제 친구 중 한 명도 한국 업체를 통해 밴쿠버 외곽 지역에서 진행되는 캠프에 숙박 포함 천만 원이나 들여 아이를 보냈는데 고급 캠프라는 이미지와는 달리 막상 가보니 한국 애들만 많고 캠프의 질도 상당히 나빴다는 푸념을 들었습니다. 엄마들이 흔하게 접하게 되는 캠프는 대체로 유학원에서 알선하는 썸머캠프로 프로그램 선택의 폭도 좁고 한국 학생들이 많은 편이어서 직접 현지 정보를 찾아 알아보고 결정하는 것이 좋을 것 같습니다. 썸머캠프는 각 사이트에서 한국에서도 등록이 가능하니 계획이 있으시면 미리 알아보고 계획을 짜는 것이 좋습니다.

6. 영어만큼 중요한 다양한 체험

주말과 휴일 즐길 거리 천국 캘거리

영어만큼이나 중요한 체험이 바로 현지에서 즐기는 다양한 체험이 아닐까 싶습니다. 우리는 한국을 떠나 이곳에서 생활하는 1년 중 학교생활을 제외한 120일의 주말과 휴일에 최대한 여러 곳으로 여행을 다니고 다양한 체험활동을 통해 가능한 한 많은 추억을 쌓아보기로 했습니다.

캘거리에는 한인 교회나 성당이 있어 혹시 종교활동을 하는 경우에는 이곳에서 친구를 사귀거나 정보를 얻으면 좋습니다.

캐나다 캘거리 하면 겨울이 유난히 추운 지역이라

는 선입견이 있지만 막상 현지에 도착하여 생활을 해보면 생각보다는 그리 춥지 않아 아이와 주말이나 휴일 나들이하기에 나쁘지 않습니다. 한국의 겨울을 생각해서 외출할 때는 옷을 두껍게 입고 단단히 무장을 하고 나가지만 좀 놀다 보면 금방 땀이 나서 겉옷을 벗고 놀게 되더라고요. 아무래도 한국보다는 햇볕이 강해서 체감온도가 굉장히 높은 따뜻한 나라입니다.

세상에서 가장 아름다운 로키와 벤프를 품고 있는 캘거리에서 주말은 참 바빴습니다. 누구는 평생 한 번 가볼까 말까 한 곳들을 주말마다 가볼 수 있었던 것도 참 큰 행운이 아니었나 싶습니다. 광활한 대자연에서 여름에는 물놀이와 뱃놀이, 겨울에는 스키와 스케이트, 1년 내내 할 수 있는 다양한 하이킹 코스, 정말 꿈속에서는 사는 듯한 바쁜 1년이었습니다.

카나나스키스(Kananaskis) 주립공원

카나나스키스는 캘거리에서 20~30분이면 갈 수 있는 곳으로, 제가 너무 사랑하는 그라씨레이크가 있는 캔모어와 나키스카 스키장, 포겟미낫폰드, 트롤폴스, 그로토캐년 등 수많은 하이킹 코스와 물놀이를 할 수 있는 지역이므로 1년 살기를 하는 경우에는 연간 패스를 사서 다니는 걸 추천드립니다.

카나나스키스는 1년 내내 캠핑이 가능하지만 캠핑카나 RV 차량이 없어 차박이 힘든 사람들은 여름에 진행되는 텐트 캠핑이나 한국의 글램핑과 비슷한 오텐틱을 매년 2월쯤에 국립공원 사이트에서 미리 예약을 하고 가면 대자연 속에서 아이와 캠핑을 즐기는 환상적인 체험을 할 수 있습니다. 오텐틱은 테이블과 파이어핏 그리고 침대 등이 모두 다 갖춰져 있어서, 캠핑 장비가 없어도 음식만 준비해 가면 되니까 정말 편리합니다.

MAXIMUM
30

스템피드(Stampede)

스템피드는 카우보이 축제로 로데오, 이브닝 쇼, 각종 먹거리와 놀 거리가 가득하고 이 기간에는 밤에 불꽃놀이도 볼 수 있는 캐나다의 큰 축제입니다. 도심 한가운데에서 수많은 팀들이 펼치는 퍼레이드를 볼 수 있고, 스템피드파크에서도 어마어마한 규모의 축제를 즐길 수 있습니다. 입장료는 인당 $23로 온라인 예약이나 현장 결제 모두 가능하지만 가능한 한 온라인 예약을 추천합니다. 입장권을 더 저렴하게 구입할 수 있으니, 사전에 홈페이지는 꼭 확인하고 가면 좋을 것 같습니다. 로데오나 이브닝 쇼는 별도의 예약이 필요합니다.

스템피드 축제 기간에는 각 동네마다 무료 아침(Stampede Breakfast)으로 테이블에 준비된 플레이트 하나를 들고 줄을 서면 그 자리에서 바로 구운 팬케이크와 소시지를 나눠주고 마지막에는 팀홀튼 블랙커피를 주는 곳도 있습니다. 줄을 서서 음식을 받아먹는 경험도 색다른 재미가 있었습니다. 이렇듯 6, 7월에는 캘거리 곳곳에서 축제 분위기를 내는 곳이 많습니다.

벤프(Banff)

죽기 전에 꼭 가봐야 할 버킷리스트에서 빠지지 않는 로키산맥의 중심, 벤프. 여름에는 모레인레이크, 미네완카레이크, 투잭레이크, 존슨레이크, 레이크루이스, 에메랄드레이크 등에서 하이킹을 하거나 아이와 배를 타면서 힐링의 시간을 보냈습니다. 고무보트나 패들 보트는 시즌이 다가오면 코스트코나 캐나디안 타이어에서 구매하실 수 있으니 꼭 준비해서 환상적인 여름을 만끽하셨으면 좋겠습니다.

벤프지역을 자주 방문할 계획이라면 국립공원 연간 패스($140 정도)를 구입하는 것이 좋습니다. 이 연간 패스를 사면 벤프 전역과 재스퍼 등의 국립공원을 자유롭게 이용할 수 있습니다.

그 외에도 보니스 파크, 스탠리 파크, 에드워시 파크, 피시 크릭 파크 등에서도 배를 타거나 바비큐를 즐기거나 산책과 자전거 등을 탈 수 있습니다. 헤리티지

파크는 캐나다 민속촌과 같은 곳인데 다양한 테마 체험관들이 있습니다. 특히 에드워시 파크에서는 배를 타고 시내까지 내려오는 래프팅이 있고 샌디 비치에서는 가재도 잡을 수 있어 여름이 즐거워지는 곳이 바로 캘거리입니다.

캘러웨이파크(Calaway Park)

캘러웨이 파크는 롤러코스터와 다양한 놀이기구들이 있는 테마파크인데, 여름시즌에만 운영되고 있습니다. 크기는 그리 크지 않지만 20여 개의 재미있는 놀이 기구와 다양한 부대 시설들이 있고 주차 공간이 넉넉하고 사람이 많지 않아 대기시간이 그리 길지 않습니다. 가족 단위로 놀러 다니기에는 딱 좋은 곳이죠.

오후 2시에는 티켓 가격이 할인이 되니 오후에 천천히 와도 충분히 즐길 수 있는 곳이라고 보면 됩니다. 저희는 연간회원권 가격이 그리 비싸지 않아서 저희는 아이와 시간이 날 때마다 자주 놀러 다녔습니다.

루지와 스케이트장

캘거리 시내에 있는 윈스폿(Win sport) 스키장이 여름에는 루지를 타는 곳으로 바뀝니다. 긴 코스에서 즐기는 루지도 정말 즐거운 경험중 하나가 될 것입니다.

그리고 올림픽 오벌(Olympic Oval)이라는 캘거리대학 내에 있는 실내 스케이트장도 추천할 만합니다. 스케이트장 내부는 커다란 경기장에 육상 달리기 레일이 바깥쪽에 있고 그 안쪽엔 스케이트 레일이 있고 가장 안쪽엔 하키 경기장이 있는 신기한 내부여서 들어가자마자 큰 스케일에 압도당할 것입니다.

추운 날씨에 따뜻하게 스케이팅을 즐기다 보면 캐나다에 오길 참 잘했다는 생각이 들 것입니다. 한국에서는 이 정도로 큰 스케이트장을 이용해 본 경험이 없었는데 주말마다 이렇게 크고 좋은 빙질의 스케이트장에서 마음껏 스케이트를 실컷 즐겼던 기억이 아이에게 오래도록 남을 것 같습니다.

운동경기

캐나다에 왔으니 꼭 아이스하키 경기와 캐나다 국기인 라크로스, 풋볼 등 각종 운동경기도 꼭 관람해 보시길. 이 모든 경기들은 Ticket master라는 앱(https://www.ticketmaster.com/discover/sports)에서 골라 예약을 하게 되면 등록한 이메일로 티켓이 발송됩니다.

캘거리 팀인 「플레임스」의 경기를 관람할 때는 유니폼과 굿즈를 사서 들어가면 더욱 열정적인 현장에서 함께 어울리며 즐길 수 있습니다. 붉은색으로 물든 경기장 안에서 그 열기를 느끼노라면 캐나다 사람들이 얼마나 아이스하키에 진심인지 알 수 있습니다.

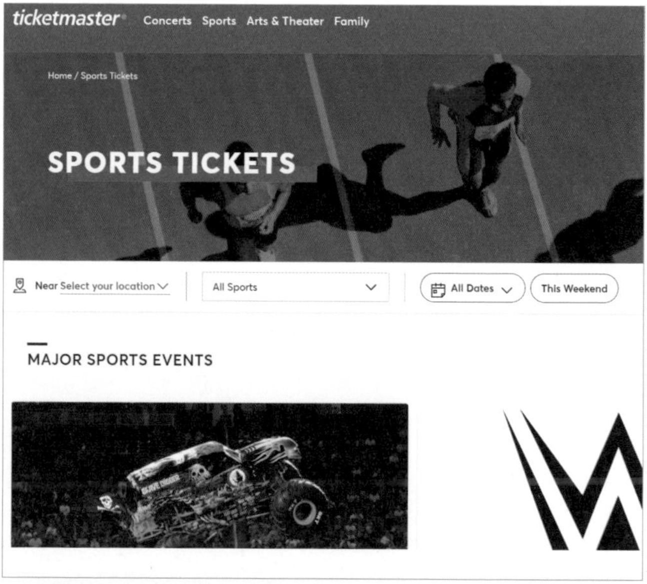
ticketmaster
Concerts Sports Arts & Theater Family
Home / Sports Tickets
SPORTS TICKETS
Near Select your location
All Sports
All Dates
This Weekend
MAJOR SPORTS EVENTS

캘거리 교통 tip... 전철(C-Train)

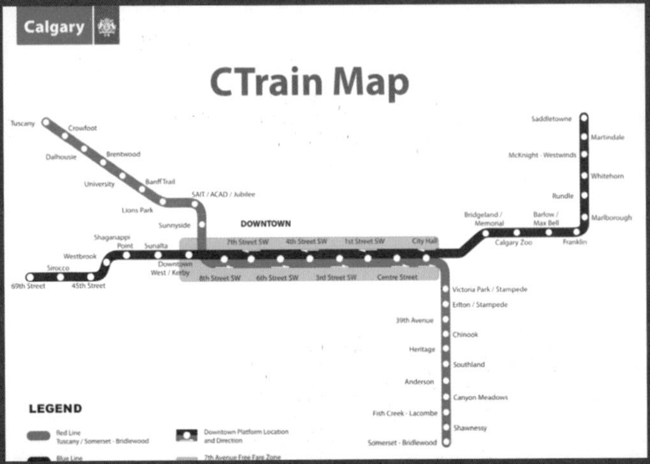

캘거리의 첫인상은 사방으로 연결되어 있는 편리한 전철인 것 같아요. 뭔가 분위기 있고, 이색적인 느낌이 듭니다. 지상철인 C-Train은 시민들이 가장 많이 애정 하는 교통수단입니다. 생각보다 빠르기도 하고 빈번하게 다니기도 하고 도시 전체를 연결해서 가장 보편적이고 편리하다고 볼 수 있습니다.

C-Train은 심플하게 남과 북, 동과 서를 오가는 레드라인과 블루라인 딱 2개의 노선만 있어요. 가운데 초록 라인은 다운

타운을 경유하는 구간으로 무료로 이용할 수 있습니다. 운행시간은 4:00 am부터 그다음 날 1:00 am까지 운영되며, 배차간격은 평균 10분 전후로 기다리는 시간이 길지 않아 좋습니다.

티켓 구매 방법도 아주 간단합니다. 티켓박스에서 화면을 터치하고 구매할 티켓과 인원 그리고 금액만 설정하면 됩니다. 결재는 데빗 카드, 크레디트 카드, 현금 모두 가능하고, 티켓 사용 시간은 90분이고 이 시간 안에 트레인과 버스 등 모든 교통수단을 이용할 수 있고, 애완동물도 동승할 수 있습니다. 만약 캘거리에서 대학을 다니는 경우에는 무료로 이용할 수 있고, 소득이 낮은 사람들은 정부에서 교통비 지원을 받을 수 있습니다.

캐나다의 차들은 자동이 아니라서 직접 탑승자가 문을 작동시켜야 합니다. 트레인의 경우에는 초록색 버튼을 누르면 되고, 버스는 위쪽 센서를 접촉하거나 손잡이를 잡아당겨야 열리므로 내릴 역을 잘 기억했다가 미리 문 앞에 나와 있어야 한다는 점도 꼭 기억해야 합니다. 내릴 사람이 없으면 그냥 지나가기도 하니까요.

버스와 C-Train 모두 Calgary transit이라는 앱을 다운로드해 사용합니다. 월간 이용권과 1회 권이 있습니다. 버스와 지상철로 이동 시 구글맵에서 출발지와 도착지를 입력하면 최적의 경로를 안내해 줍니다. 다운타운은 대체로 주차비가 매우 비싸기 때문에 대중교통을 이용해서 나가는 게 좋습니다. 다운타운에서는 레드라인과 블루라인이 겹치는 구간이 있어 번갈아 가며 오기 때문에 잘 확인하고 탑승해야 합니다.

C-Train을 타고 내릴 때 따로 검사를 하는 곳은 없지만, 불시에 검사원이 탑승해서 검사하기도 합니다. 이때 티켓이 없으면 비싼 벌금이 부과되므로 무료 승차를 시도하다 걸리면 곤란한 일이 생기니 조심해야 합니다.

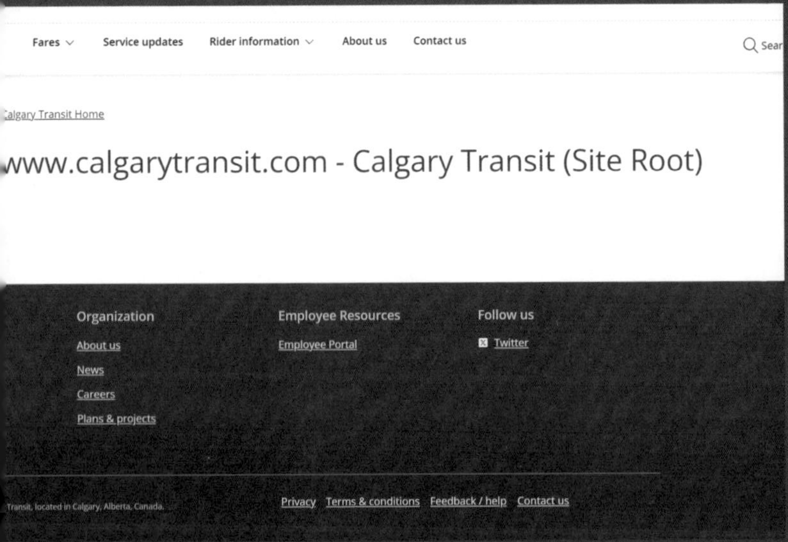

버스의 배차간격도 구글맵으로 확인할 수 있는데 대체로 배차간격이 길어서 미리 확인해 두는 게 좋고 여유 있게 시간을 계산하여 움직이는 것이 좋습니다.

대중교통이 닿지 않거나 짐이 많은 경우에는 우버를 탈 수 있습니다. 우버 앱을 설치해서 이용 요금도 미리 확인할 수 있고 운전이 불가한 상태에서 급하게 이동해야 하는 경우에는 편리한 교통수단입니다.

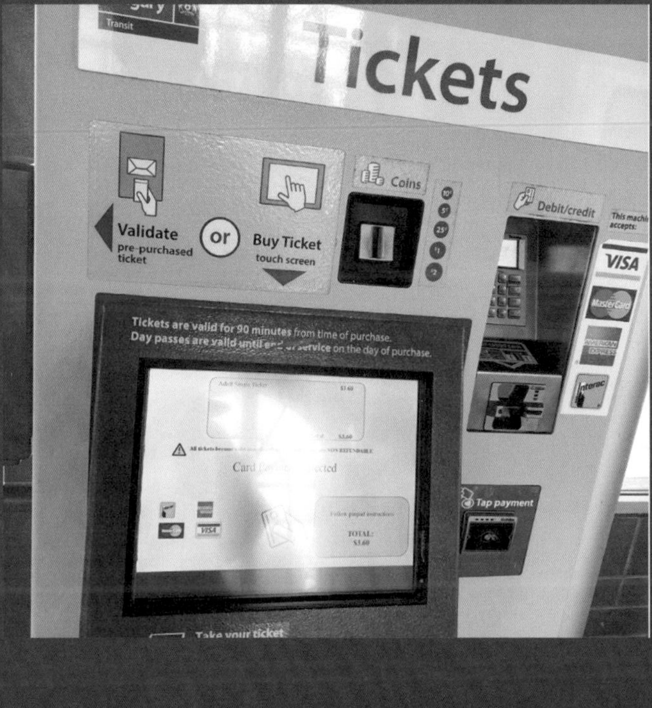

캘거리의 추천 장거리 여행지들

캘거리 주변에는 주말이나 휴일을 이용하여 차량으로 서너 시간 이상 여행 기분을 내면서 즐길 수 있는 곳이 참 많습니다.

에드먼튼(Edmonton)

에드먼튼은 캘거리에서 앨버타주의 주도로로 북쪽으로 3시간 정도 달리면 닿는 곳입니다. 앨버타 박물관과 북미 최대 규모의 웨스트 에드먼튼 몰(West Edmonton mall)이 있고 몰 안에는 초대형 규모의 워터파크가 있습니다. 자전거도로가 잘 마련되어 있어 자전거 여행도 추천할 만하고 시내에 관광열차가 있어 가이드를 받으며 둘러볼 수도 있습니다.

그리고 동물농장의 천국입니다. 아이들이 동물들을 마음껏 쓰다듬고 안으며 놀 수 있어서 1박 2일 정도 가볍게 여행 스케줄을 잡아 놀러 가기에 딱 좋습니다.

승용차가 아닌 버스로 가는 경우에는 노선이 많거나 구석구석 다니지는 않지만, 구글맵으로 실시간 현황이 잘 나와 있으니 찾아갈 수는 있습니다. 에드먼튼의 대중 교통비가 좀 비싼 편이고 거스름돈을 잘 주지 않으니, 잔돈을 잘 준비해야 합니다. 대신 환승은 90

분까지 가능하고 환승할 때 종이 티켓을 보여주면 됩니다.

워터튼 호수 국립공원(Waterton)

캐나다에는 15곳의 유네스코 지정 세계유산이 있는데 이 워터튼도 그중 하나입니다. 캘거리에서 차를 타고 남쪽으로 2시간 30분~3시간 정도 달리면 미국의 국경 지역에 산봉우리가 둘러싼 파랗고 아름다운 호수가 그림같이 펼쳐지는 곳이 이곳입니다. 빙하 호수와 초원, 습지, 숲과 고산 툰드라까지 체험할 수 있고 야생동물들도 심심찮게 볼 수 있는 그야말로 자연과 함께하고 싶은 사람들에게는 꿈과 같은 곳이 아닐까 싶어요.

이곳에 가면 다양한 트레일과 하이킹 코스, 캐나다와 미국 국경을 오가는 크루즈까지 있으니, 시간을 충분히 내서 천천히 즐기면 좋을 것 같고, 참고로 여름이 특히 좋아서 여름에만 문을 여는 곳이 많기 때문에 이때 올 계획이 있다면 연초부터 미리 호텔을 예약하는 것이 좋습니다.

켈로나(Kelowna)

캐나다 여행지로 저는 켈로나가 가장 좋았습니다. 이 켈로나는 정말 조용하고 한적한 풍경을 만끽할 수 있는 유럽풍의 힐링 스폿입니다. 캘거리에서 밴쿠버 가는 방향으로 차로 7시간 정도 걸립니다. 오카나간 호수를 끼고 있어 물안개 피는 풍경 속에서 체리힐커피를 마시며 은퇴 후 노년을 보내고 싶다는 사람들이 주변에 참 많았습니다. 켈로나는 와이너리 투어가 매우 유명하니 와인을 좋아하는 사람들에게는 이보다 좋은 여행지는 없을 것입니다. 와인을 구매하면 시음비가 무료인 곳도 있으니 구매 계획이 있다면 몇 곳을 둘러보고 살 수 있는 장점이 있긴 하지만 가격이 다소 높으니 참고하기 바랍니다.

캥거루 팜도 유명합니다. 3월부터 9월까지 오전 10시~오후 3시까지 개장하니 방문 전 사전에 홈페이지에서 꼭 확인해 보고 방문하는 것이 좋습니다. 캥거루들도 많이 볼 수 있고 먹이 주기 체험도 할 수 있어 아이들이 좋아하고, 제철 체리, 블루베리 등 과일 U-pick이 유명합니다.

재스퍼(Jasper)

재스퍼는 밴프 지역에서 로키산맥을 따라 눈부시게 아름다운 파크웨이로 5시간 정도 북쪽으로 올라가면 나오는 관광지입니다. 주변에 곤돌라도 있고, 노천온천이나 스키 슬로프 등이 위치하고 있어서 사계절 내내 대자연 속 자유로움이 느껴지는 아름다운 여행지로 추천하고 싶습니다.

한국 여행자들에게도 많이 알려진 곳이고 설상차를 타는 재미와 가다 보면 콜롬비아 대빙원도 만나게 됩니다. 아싸바스카폴스, 멀린레이크 그리고 케이블카 등도 타고, 재스퍼에서 오텐틱 캠핑도 꼭 즐겨볼 만합니다. 우리는 밤에 쏟아지는 별들과 함께 그곳에서 평생 잊지 못할 추억들을 만들었습니다.

드럼헬러(Drumheller)

드럼헬러는 세계에서 가장 큰 공룡 박물관이 있는 곳으로 레드디어 강이 만든 장엄한 자연의 모습에 반하게 되는 캘거리의 대표적인 여행지라고 할 수 있습니다. 캘거리에서는 약 2시간 거리에 있어서 저희는 4번이나 놀러 갔었습니다.

도시 곳곳에 공룡 조형물이 세워져 있어 공룡의 도시라고도 하고 <쥬라기 공원>의 모태가 된 곳이기도 합니다. 다양한 공룡 전시뿐 아니라 다양한 화석을 발굴해서 전시하는 일련의 과정까지 볼 수 있는 공간도 있습니다. 그랜드 캐년과 같은 자연 퇴적층 지형이 도시 전체에 끝도 없이 펼쳐져 있는 장관도 볼 수 있습니다. 드럼헬러 지역에 후두스는 자연적으로 생긴 버섯 모양의 바위가 있어서 자연의 신비로움을 느낄 수 있습니다.

다른 주 여행, 밴쿠버와 토론토

캐나다의 가장 큰 도시들로의 여행도 빼놓을 수 없는 일이죠. 우선 나이아가라 폭포가 있고 박물관과 다양한 축제들이 열리는 토론토.

각종 박물관, 식물원, 갤러리, 아쿠아리움이 있는 밴쿠버에서도 다양한 체험이 가능하죠. 곤돌라나 고래 관찰 투어도 있으니 떠나기 전 아이와 어떤 걸 체험하면 좋을지 이야기해 보는 시간도 의미있을 것 같아요.

미국 여행

캘거리에서 직항이 있는 LA, 라스베가스, 하와이 등 미국 여행은 아이의 방학 때나 크리스마스, 추수감사절, 부활절과 같이 연휴를 이용해서 한 번쯤 다녀올 만합니다. 항공비가 왕복 $150-400 정도로 저렴하고 시간도 얼마 걸리지 않으니까요.

BELLAGIO

그리고 오로라를 보았다

말만 들어도 꿈만 같은 오로라 Northern light! 버킷리스트로 오로라를 보고 싶어 하는 사람들이 많습니다. 그 정도로 오로라를 보는 건 꿈같은 일입니다. 오직 오로라만을 보기 위해 북유럽으로 떠나는 여행객들도 많을 정도입니다.

그런데 캘거리에서는 겨울에서 초봄까지 5~8번이나 오로라를 선명하게 볼 수 있습니다. 오로라 앱에서 매일 그날의 오로라를 볼 확률을 지표로 보여줍니다. 제가 처음 집 앞 공터에서 머리 위로 쏟아져 내리는 오로라를 봤던 그날은 눈물이 날 만큼 벅차고 감격스러웠던 평생 잊지 못할 순간이 아니었나 싶습니다. 주로 밤 9시 이후부터 시작되는데 캘거리 생활정보 오픈 카카오톡 방이나 페이스북에 캘거리 오로라 트래커 그룹에 가입하시면 실시간으로 오로라가 뜬 지점이나 상황을 알 수 있습니다.

여행 에피소드와 참고사항

캘거리에서 밴쿠버로 자동차로 이동하던 중, 타이어가 펑크가 났습니다. 게다가 로키산맥 부근이라 핸드폰 통신도 두절되어 엄청나게 당황했던 적이 있습니다. 자동차에 반드시 비상용 스페어타이어를 비치하고 다니시는 거 잊지 마세요.

캘거리는 겨울이 길기 때문에 혹시 여행 중 산속에 고립될 수 있습니다. 그러니 차에 항상 담요와 물 등 비상용품도 꼭 가지고 다니기를 바랍니다.

캐나다에서는 매년 곰에게 습격당해 사망하는 사건이 발생하므로 하이킹할 때는 곰 퇴치 스프레이를 꼭 들고 다녀야 합니다. 한국처럼 산에 등산객이 많지 않기 때문에 보호 장비가 꼭 필요합니다.

혹시 자동차 운전 중 벌금 티켓을 받게 되면 3주 안에 온라인에서 확인이 가능한데, 사고에 대한 항의나 재고를 요청할 수 있는 코너가 있으니 내가 이런 피치 못할 사정에 의해 규정을 위반했으니 참고 해달라는 식으로 올리게 되면 벌금을 깎아 주기도 합니다.

2
Buzzing
Bees

7. 캐나다 캘거리 1년 살기 총정리

우리 아이 영어 실력은 얼마나 늘었을까?

캘거리라는 낯선 땅에서 아는 사람 한 명 없이 시작한 해외살이는 그곳에서 만난 좋은 사람들 덕분에 행복한 일상과 추억 가득한 행운의 나날들로 채워지지 않았나 싶습니다. 처음에는 모든 일이 서툴고 어려워서 이 많은 난관을 어떻게 헤쳐 나가면 좋을지 막막할 때가 많았는데 경험 많고 마음 따뜻한 이웃들로 인해 하나하나 풀어나가면서 아이와 함께 성장하는 하루하루를 보냈습니다. 마지막 달에는 아이도 이 생활이 많이 아쉬웠는지 한국으로 돌아가기 싫다고 할 정도였어요.

저는 18년이나 워킹맘으로 살면서
일과 육아에 지칠 만큼 지쳐서 간
해외살이다 보니
오히려 아이를 학교에 보내고 나서
여유롭게 커피 타임을 갖거나
마음 편하게 운동할 여유까지 생겨서
다음 생을 이어갈 힘을 얻은 소중한 해가
아니었나 생각됩니다.

캐나다에 가기 전 아이는 언어적으로 뛰어나거나 영어 공부를 많이 시킨 것도 아니었고, 영어유치원이 아닌 일반 유치원을 졸업하고 한국의 대형 영어학원에서 파닉스를 뗀 후 1년 정도 기초반을 다닌 정도였습니다.

3형식의 질문과 듣기, 간단한 대답이 가능한 수준이었죠. 처음 캐나다 왔을 때는 3형식의 간단한 문장 정도를 겨우 말하는 수준이었습니다.

예를 들면 This is~, I'm~ 이런 식으로 간단한 말과 한 단어로만 말하는 수준이었습니다.

말하기 영역

캐나다 가기 전과 1년 살기 후의 변화 과정

"Do you have any brother and sister?"

전: No

후: No, I don't have any siblings. I'm only child.

"What are you going to do after school today?"

전: go to art class.

후: I'm going to Art class at YMCA after school.

"Why do you like sports?"

전 : It's fun.

후: Because I have so much fun when I play the sports.

어려운 단어를 적정하게 사용하지는 못하지만, 문장의 완성도가 조금씩 높아지면서 의사 표현이나 친구들과의 대화에 문제가 없어졌습니다. 처음 6개월 동안은 아이의 영어 능력이 향상된다는 느낌이 들지 않았는데 8개월쯤부터는 말하는 것이 자연스러워지고, 내가 한국어로 질문하면 모든 대화를 영어로 바꾸어 말하기가 가능해졌습니다.

9개월 정도 되었을 때 친구들과 노는 것을 듣고 놀란 적이 있는데,

"When the Tsunami comes, we got a runaway"
"He is acting like same as me"
"You suppose to help us"

하는 말을 자연스럽게 하더라고요. 그리고 한번은 평소에 아이가 무뚝뚝해서 학교에서 어떻게 지냈는지 물어보면 그냥 잘 놀았다고만 하고 자세한 이야기는 하지 않았는데, 어느 날 아이가 학교에서 친구랑 다퉈서 화가 났길래 무슨 일인지 물었더니 친구가 자신이 정성스럽게 만든 눈사람을 발로 차서 망가뜨린 상황에 대한 이야기를 다음과 같이 했습니다.

아들: Why did you break my snowman!
친구:Because it is fun and why are you yelling at me!
아들: You broke too many, I going to report to Ms. Miller! We are not friend any more. You can play yourself.

물론 이 대화가 친구 사이에 오간 예쁜 말은 아니었지만 그래도 이 표현들로 아이의 영어가 많이 늘었다는 걸 알게 되었습니다. 이 무렵에는 친구가 무슨 말을 하는지 잘 알아듣고 기죽지 않고 맞설 정도가 된 것이죠. 그리고 캐나다에서의 마지막 달에는 다음과 같이 관계대명사를 넣은 문장을 자연스럽게 구사할 수 있게 되었습니다.

When you play the basketball, you can jump same as me.
I don't want go playground where is so muddy.
Next week I will buy your popcorn at lunch break, because you gave me today.

읽기 영역

캐나다로 떠나기 전 영어 테스트 결과, 미국 초등과정 1년 정도의 수준이었는데 귀국 후 테스트한 결과, 미국 초등과정 3년 정도가 나온 것 같아요. 귀국하고 2달이 지난 지금은 챕터북 3점대는 모르는 단어가 있지만 편안하게 읽을 수 있게 된 점만으로도 저는 아주 만족스럽습니다.

발음이나 연음이 매우 좋아졌고, 한국인 특유의 억양도 많이 없어진 것 같아요. 도서관에서 매일 1점대 책을 빌려 하루에 한 권씩 읽힌 것도 많은 도움이 되었을 겁니다.

쓰기 영역

한국에서는 주어, 동사, 목적어 정도의 한 문장 쓰기가 가능했는데, 1년이 지나고 나서 10문장 이상의 독후감과 일기 쓰기가 가능해졌습니다.

워낙 아이가 글쓰기를 싫어해서 하루에 한 줄 일기로 시작해 1년간 하루도 빠짐없이 꾸준히 일기를 쓰게 했더니 다음과 같은 발전이 있었습니다.

캐나다에서 처음 쓴 일기

지난달에 쓴 독후감

영어실력의 향상은 아이마다 다를 겁니다. 캐나다로 이민을 온 아이들을 지켜보니 보통 듣기는 2년 정도, 말하기는 3년 정도는 지나야 완성되는 것 같았습니다. 그래서 저는 캐나다에서 체류하는 짧은 1년간 아이의 영어 능력이 최대치가 되도록 가능한 한 한국 아이들과 어울리거나 한국어를 쓰지 않도록 했습니다.

한국 아이들과 한국어로 말하기 시작하면 아이들은 그다음부터는 절대 영어로 소통하지 않습니다. 저는 아이에게 왜 그래야 하는지 이해시키려고 노력했고, 함께 그 약속을 철칙으로 지켜나갔습니다. 한국 아이들에게 처음에 한국어로 말하지 않는 아이라는 인식만 시켜주면 아이들도 절대 한국어로 말을 걸지 않았습니다. 그래서 캘거리는 특히 1년 살기를 하는 아이들보다 이민을 오거나 이곳에서 태어난 한국인이지만 원어민 수준의 영어를 하는 아이들이 더 많은 점이 참 좋았던 것 같아요.

그리고 무엇보다 아이의 영어 능력이 얼마나 향상되었나 하는 관점보다는 이곳에서 폭넓게 경험한 많은 일들과 여행을 하면서 얻은 추억들, 어려움을 겪을 때마다 극복하려고 애썼던 노력들이 더 많은 수확이 아니었을까 싶습니다. 아이와 함께 이루어낸 캘거리 1년 살기는 앞으로 한국에서 살아가면서 우리들에게 큰 삶의 에너지가 되어 줄 것임에 틀림없습니다.

마지막으로 남기고 싶은 꿀팁들...

이 책을 마치면서 문득 생각나는 몇 가지 꿀팁들을 두서없이 남깁니다.

캘기리는 병, 주스나 우유 팩, 캔 등을 따로 모아 동네마다 설치된 「Bottle Depot」에 가져가면 현금화할 수 있습니다. 우리 어렸을 때 병 모아서 팔듯 검정 큰 쓰레기봉투 하나 가득 채우면 거의 $10 정도나 됩니다. 크기대로 분리해서 가격을 책정하는 모습이 흥미롭기도 해서 아이와 같이 가서 현금화한 돈으로 짜장면 사 먹는 재미있는 루틴도 만들었습니다.

캘거리에는 쿠팡과 같은 배송 서비스가 없어서 월마트, 세이프웨이(Safeway), 소베이스(Sobeys), 슈퍼스토어(Super store), 코스트코와 같은 마트에 가서 장을 보게 되는데 작은 것 하나라도 매번 마트에 가야 해서 장보기에 꽤 시간을 할애할 수밖에 없습니다. 세이프웨이, 소베이스는 매주 첫 번째 화요일에 $50 이상이면 매장 내 모든 물건을 10% 할인이 됩니다.

코스트코 카드는 한국에서 사용하던 카드 그대로 이용 가능합니다. 결재할 때는 마스터카드만 가능하고 다른 곳에 비해 주유비가 싸서 코스트코에서 장 볼 때마다 주유를 하면 절약이 됩니다.

달러라마는 다이소 같은 곳으로 $1의 저가 상품들(가정용품이나 문구까지 다양)이 많습니다. 밸류빌리지와 굿윌스토어는 중고 물품을 파는 곳으로 기부 형태인데 쓸만한 물건이 싸고 다양하게 많습니다. 캐나다 초기 정착 시에 이런 가게들을 잘 활용하면 예산을 절약하는 데 많은 도움이 됩니다.

팀홀튼 앱을 잘 활용하기 바랍니다. 팀홀튼은 캐나다 국민 커피와 간식으로 가격이 저렴한 편입니다. 요즘 한국에도 들어왔다고 합니다. 앱을 깔고 적립하면 꾀나 유용하게 쓸 수 있습니다. 학교 끝나고 자주 들러서 간식도 먹고 아이가 직접 주문도 해보고 좋은 추억이 많이 쌓입니다.

캘거리의 핫플레이스는 17Ave 라는 곳으로 한국의 가로수길 같은 느낌이 납니다. 맛집도 많고 분위기 좋은 식당들도 많습니다.

Kensington street 지역도 또 다른 느낌이 나는 추천할 만한 곳입니다. 그 외에 키즈카페로 Flying squirrel, Big Fun, Big Box, Sky castle, Hide and seek, Laser City, iFLY, Rec Room 등이 있습니다.

한국에 짐 보내기. 한국에서 캐나다까지 짐을 우체국 선편으로 보내면 약 1달~3달 정도 걸립니다. 20kg에 8만 원 정도이고, 저는 필요한 물품을 미리 싸 두고 캐나다 주소가 정해진 후, 남편에게 한국에서 발송을 부탁했습니다.

YMCA 사이트는 회원의 경우, 우선 등록 가능하지만 직접 대면 후에나 가능합니다. 1년 살기를 할 경우에는 캐나다에 도착해서 3개월을 기다릴 수 없으니, 회원이 등록하고 남은 수업들을 입국일에 맞춰 등록하면 시긴 낭비 없이 바로 방과 후 활동을 할 수 있습니다. 시티 오브 캘거리(City of Calgary) 사이트 또한 별도로 회원가입을 하지 않아도 되므로 한국에서도 미리 등록할 수 있습니다.

반 친구들에게 줄 기념품을 가져오면 도움이 됩니다. 저는 개당 3천 원 정도의 포켓몬 열쇠고리를 30개 사 와서 친구들에게 선물했는데 정말 반응이 좋았습니다. 이와 같이 작고 귀여운 문구용품들을 준비해 오면 생각보다 잘했다 싶을 겁니다. 캘거리는 이런 것들을 구하기가 쉽지 않습니다.

학교 수학으로 자신감 얻기. 영어는 부족하지만, 한국 아이들이 수학은 매우 앞서갑니다. 제 학년의 학습 정도만 해가도 많이 앞서가기 때문에 2학년이면 2학년 정도의 수학은 확실하게 하고 오면 좋습니다. 연산은 특히 압도적으로 앞서가기 때문에 수학은 가정에서 준비하고 꾸준히 시키면 많은 도움이 됩니다.

인스타그램 페이스북 활용하기. 캘거리 관련 소식을 접할 수 있는 인스타스램과 페이스북을 팔로우하면 생각지도 못한 좋은 정보들을 접할 수 있습니다.

해외살이할 때는 아이가 아플 때가 제일 걱정입니다. 일반 병원 진료는 가까운 한국의 가정의학과와 같은 워크인 클리닉(walk-in clinic)을 이용하여 1차 진료를 하고, 추가 진료나 다른 과 진료과가 필요하면 거기서 연결해 줍니다.

긴급한 상황일 때는 Urgent care나 Emergency room이 있는 병원으로 가면 됩니다. 아이 의료보험은 학비에 포함되기 때문에 진료를 받은 후에 추후에 청구하면 됩니다. 응급실 대기시간이 보통 3~5시간이나 걸리기 때문에 아이의 상태를 잘 판단하여 당장 갈 것인지, 다음 날 아침에 클리닉으로 갈지 잘 판단해야 해야 하는 경우도 있습니다.

단 치과는 보험에 포함되지 않습니다. 한번은 아이가 농구를 하다가 손가락을 다쳤는데 골절이 의심되는 상황이라 응급실 대기시간을 검색했더니 6~7시간이 나와 다음날 아침 일찍 동네 클리닉에서 오더를 받아 순조롭게 엑스레이까지 촬영했던 일도 있었습니다.

짐 싸기. 저는 최대한 많이 가져가려고 노력했고 가져간 물건들은 대체로 잘 사용하긴 했지만, 막상 가보니 마트들이 많아서 필요한 것을 쉽게 구할 수 있는 환경이었습니다. 그러니 가능한 한 짐을 줄여 가는 것도 좋을 것 같습니다. 가져간 물건들 중 유용했던 것들은 다음과 같습니다. 가격 대비 품질이 우수했던 한국 제품 중심으로 정리했습니다.

*__상비약__ : 방수 밴드, 해열제, 메디폼, 백초 시럽, 모기약, 소화제, 항생제 처방약, 각종 감기약

*__음식__ : 김밥 김, 삼각김밥 김, 고춧가루, 된장, 코인 육수(많이 가져오세요), 들기름, 김치통, 수저, 젓갈

*__문구, 학습 용품__ : 색종이, 필기도구, 자물쇠 3개, 수학 연산 문제집 5권, 공책, 연필깎이

***생활용품** : 생리대, 손톱깎이, 귀이개, 눈썹 칼, 선물용 한국 전통 소품, 수건 많이, 차량용 핸드폰 거치대, 하우스에 사실 계획이면 110V로 전기장판(콘도는 따뜻해서 필요하지 않았습니다)

***수영복**(강습용, 레저용), 여름 물놀이용 모자, 선글라스, 아쿠아슈즈

***방한용품**: 겨울옷, 수면잠옷, 수면양말, 스키 장갑, 내복, 장갑, 목도리, 털모자

***캘거리 도착 시 사야 할 것** : 가습기, 주방용품, 소파, 매트리스, 식탁, TV, 청소기, 이불, 그릇, 냄비, 휴지통, 세제, 밥솥 등

SIGLA
BOOKS

epilogue

캘거리 하면
가장 먼저 생각나는 건
역시 늘 따뜻하고
다정했던 사람들

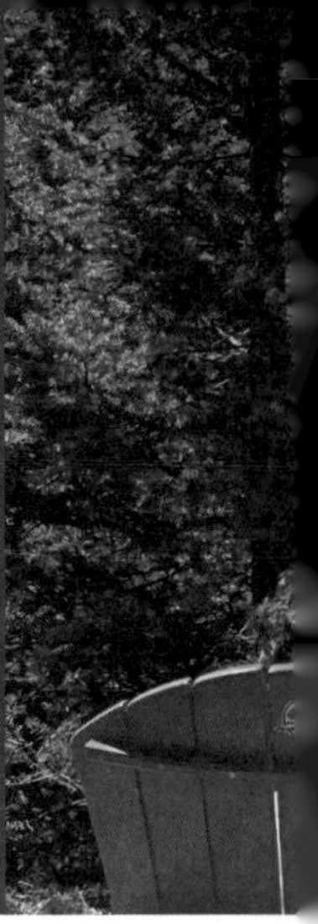

대학을 졸업하고 직장 생활과 육아로 쉼 없이 달려온 나의 시간들은 항상 남들보다 촘촘하고 빠르게 흘러가는 것 같았다. 어쩌면 나 혼자 조용히 생각하고 쉴 수 있는 시간은 오로지 잠자는 시간밖에 없는 것이 아닐까 싶었다. 어떻게 그런 힘든 시간을 버텼는지.. 그 무렵 나에게 재충전의 시간이 필요하다는 생각이 들기 시작했다.

그리고 캐나다에서의 1년을 준비하는 동안, 아이와 참 많이 웃으며 우리에게 주어진 이 소중한 시간들을 어떻게 보내면 좋을지 이야기 나누던 순간은 오래오래 마음에 남을 것 같다. 그리고 드디어 떠난 낯설

지만 기대감으로 설레었던 캘거리의 생활은 살아가면서 마음의 위안으로 꺼내보는 예쁜 추억의 일기장이 되어주었다.

뒤돌아보면 별것 아닌 자잘한 걱정들을 왜 그렇게 심각하게 했는지 모르겠다. 직장 생활이 몸에 밴 욕심과 성과주의 워킹맘이라 뭐든 잘해야 한다는 조급함이 더 즐거워야 했을 캐나다 생활을 힘들게 하지 않았나 아쉬움도 남는다. 그래도 그동안 잊고 살았던 여유로움과 평화스러움을 만끽하며 지냈던 시간들이 더 많지 않았을까 마음을 위로해 본다.

캘거리 하면 가장 먼저 생각나는 건 역시 늘 따뜻하고 다정했던 사람들이다. 부족한 나를 채워주고 어려운 일을 겪을 때마다 항상 가장 먼저 달려와 준 내 평생의 은인들. 태영, 미경, 영애, 혜진, 영경, 주희, 체연, 혜은 언니들.. 그리고 누리, 사라, 은미, 소라, 수잔, 유아초등방 식구들에게 이 책을 빌려 감사와 애정을 보낸다.

그리고 무엇보다 우리의 캐나다 생활을 늘 마음으로 지지하고 응원해 준 남편도 진심으로 감사하다. 1년이란 긴 시간 동안 남편이자 아빠의 자리가 얼마나 소중한지 깨닫게 된 것 같다.

지은이 **채선미**

1983년생, 경기도 성남시 분당에서 2015년생 남자아이를 키우며 전쟁 같은 하루하루를 보내고 있지만 일과 가정 모두 지키려고 노력하며 사는 18년 차 워킹맘입니다. 현재 군무원으로 근무하고 있으며 이전에는 외국계 기업에 근무한 경험이 있어 해외 생활이나 언어에 대한 두려움이 남들보다는 좀 적지 않나 싶습니다.

어느 날 문득 무언가 해내야지 싶은 마음이 생기면 매사 접어두고 누구보다 빠르게 계획도 세우고 우선은 실천해 보려고 노력하는 스타일이고 무엇보다 여러 계층의 삶의 방식이나 나와 다른 사고를 하는 사람들과 만나 대화하고 함께 하는 걸 두려워하지 않고 즐기는 스타일입니다.

우리 아이가 세상을 바라보는 눈이 더 크고 넓어지는데 해외 생활이나 경험이 정말 중요한 것이라 믿고 무작정 준비 없이 떠난 캐나다 캘거리 생활. 실수를 통해 얻은 것들, 생각지도 못한 행운들, 평생 잊을 수 없는 추억들을 앞으로 저처럼 아이와 캐나다 1년 살기를 준비하시는 많은 맘들과 나누고 싶습니다.

인스타그램 @calgary_1year

캐나다 캘거리 1년 살기

아이와 함께 떠난 워킹맘의 해외살이 도전기

초판 발행 2024년 5월 27일

지은이 채선미

발행인 정유진
발행처 노북(no book)
주 소 서울특별시 서초구 강남대로53길 8 11층
전 화 031-8025-9200
팩 스 050-4211-8560
출판등록 2018년 7월 27일 제2018-000072호
홈페이지 www.nobook.modoo.at
이 메 일 nobookorea@gmail.com

ISBN 979-11-90462-53-2 [03370]